家族みんなを元気にする

グルテンフリーレシピ

伊藤ミホ

清流出版

はじめに

共働きで商売を営む両親のもとに育った私は、ごく自然に子どもの頃から料理を作っていました。

しかし、実家を離れて進学し、社会人になってからは、食事を手作りすることは少なくなり、生活も不規則。もともとアレルギー体質の私は、慢性的に体調不良を感じるようにもなっていました。

私が食生活の大切さに気づいたのは、長男の出産がきっかけです。生後1か月でアトピー性皮膚炎と診断され、その後、食物アレルギーと喘息も発症。息子が健やかに過ごせるように、と食べものについて真剣に考えるようになりました。

悩みながら過ごした日々の中で、「命と食べものは、とても近いもの」という実感が培われていったように思います。

毎日、私たちが何気なく口にしているものは、すべて私たちの身体のもととなるものです。

この本が、食物アレルギーを持つ方はもちろん、ご自身の体調管理、ご家族の健康に気を使って過ごしておられる方々のお役に少しでも立てれば、と心から願っています。

もくじ

主食

グルテンフリーの食パン

グルテンフリーの変わりパン

主菜＆副菜

デザート

グルテンフリーのタルト

本書のレシピについて

本書のタイトルにもなっている「グルテンフリー」の「グルテン」とは、小麦・大麦・ライ麦などに含まれるたんぱく質の一種のこと。もともとは、欧米で比較的多くみられるグルテンへの感受性が高い人のための食餌療法として知られていますが、最近では、心身ともに健やかに過ごすための食生活のひとつとして「グルテンフリー」が注目されています。

こうした背景があり、近年、日本国内のみならず、海外でも米粉への関心が高まってきました。米粉の原料となるお米はグルテンを含みません。

本書では、米粉を中心とした、身体にやさしいパン、食事、スイーツをご紹介しています。米粉に加え、さまざまな雑穀粉やでんぷんなども使いながら、「グルテンフリー」の多彩な味と食感を楽しめるようになっています。小麦、卵、大豆、そば、ごま、アーモンド、落花生、エビ、カニ、牛乳などの乳製品、白砂糖は使わない、やさしい味のレシピになりました。

米粉や雑穀粉は小麦粉のようにふるう必要がなく、グルテンがありませんから、かき混ぜすぎても大丈夫。気軽に、そして手軽にお菓子作りをすることができます。

また、てんぷらの衣に米粉を使うと、水を加えてグルグル混ぜるだけで、さっくりカラッと揚がります。カリッと歯触りもよく、香ばしいおいしさです。油の吸収量が少ないので低カロリーに仕上がるのも嬉しいポイントです。

米粉の特徴については、「米粉のパンについて」（14～15ページ）という項目でも詳しくご説明しています。また、本書で使用している主な材料については、１３２～１３５ページでご紹介していますので参考にしていただければと思います。

【計量スプーン・カップによる重量一覧】

食品名	小さじ（5cc）	大さじ（15cc）	カップ（200cc）
水	5g	15g	200g
あら塩	6g	18g	240g
はちみつ	7g	21g	280g
メープルシロップ	7g	21g	280g

※本書に登場する主な食品を挙げています。
手元にデジタル式キッチンスケールがない場合の目安として
お使いください。

※計量の単位は、
小さじ1＝5cc、
大さじ1＝15cc、
1カップ＝200cc です。

※本書ではデジタル式のキッチンスケールを使用しています。正確な計量ができると失敗が少なく安心ですので、細かく測れるキッチンスケールの使用をおすすめします。

※野菜や果物は、産地や季節などによって水分量に違いがあります。必要に応じて調整してください。

主食

日本はお米の国。
米粉があれば、
パンはもちろん、
パスタやうどん、
点心まで作れます。

ふわもち食感がやみつきに！

グルテンフリーの食パン

基本の食パンも、スイートなアレンジ食パンも、
毎日食べても飽きないおいしさです。

米粉のパンについて

ここ数年、小売店でも「パン用」「製菓用」といった用途別の米粉が売られるようになり、米粉入りのパンが市販されているのを見かけるようになりました。とはいえ、小麦粉と米粉、あるいは米粉に小麦グルテンをミックスして作っているものが多く、麦類をまったく使わない「グルテンフリーのパン」も増えてはいますが、まだまだ手に入れやすいとは言いがたいかもしれません。

小麦粉のパンと米粉のパンの大きな違いは「グルテン」です。小麦で作ったパンは、酵母が作り出した炭酸ガスをグルテンの網目構造が包み込んでふんわりとやわらかくなるのに対して、米粉にはグルテンがないため、パンが膨らみにくいのです。

米粉でパンを作る場合は、生地の粘度を高め、炭酸ガスを逃がさないようにします。また、米粉に含まれる米でんぷんが傷ついていると膨らみにくくなるので、米でんぷんの損傷ができるだけ少ない方法で粉砕した、パン作りに適した米粉を選びましょう。

現在、米粉の研究・開発が盛んに進められています。そのため、たとえパン用の米粉と記載があっても銘柄ごとに持ち味が異なり、作り方や水分量が変わってくるため、本書では米粉の銘柄を指定しています。レシピで指定してある銘柄以外で作ると、うまくいかないことがあるのでお気をつけください。

次のページでご紹介する「米粉のプレーン食パン」を例にとると、パン用米粉（ミズホチカラ）、タピオカ粉、甜菜糖《てんさいとう》、菜種油、白神《しらかみ》こだま酵母、天然塩を使っています。普段あまり馴染みのない材料もあるかもしれませんが、一度揃えてしまえば、小麦グルテンや増粘剤などの添加物は一切使わなくても、ふんわりもっちりのおいしい食パンになります。一方、32ページ以降でご紹介するグルテンフリーの変わりパン（ベーグル、パンダパンなど）はもちもちと噛みごたえがあり、一般的な菓子パンとはちょっと異なる食感が味わえます。

また、米粉で作ったパンは、主な材料が「米」ですから、ひじきやきんぴら、豚汁といった和食のメニューともよく合います。腹持ちもいいので、食べ過ぎてしまうこともなく、とてもヘルシーです。

米粉のパンは、小麦のパンの替わりではありません。その味も食感も香りもまったく違います。米粉のパンは、「ごはんの国」に生まれ育った私たち日本人が生み出した新しいパンなのです。

基本

米粉のプレーン食パン

もちもち、
しっとり
お米の甘さを
じんわり味わえる

材料（フタ付き食パン焼型1斤分）

A
- ミズホチカラ（パン用米粉）…435g
- タピオカ粉…15g

白神こだま酵母…7g
酵母用温水…50g
生地用温水…300g
甜菜糖…25g
塩…6g
菜種油…25g

① 型に流し込む［作り方6］

② 発酵前［作り方6］

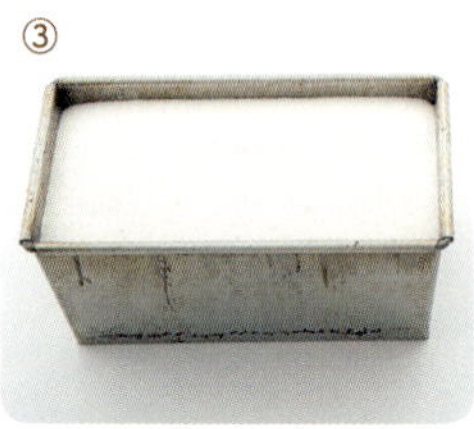

③ 発酵後［作り方6］

④ すぐに型から取り出す［作り方8］

作り方

1 小さな容器に酵母用温水を入れ、そこに酵母をふり入れ、温かい場所に5分ほど置く。酵母が固まったら容器をゆすって温水にひたるようにする。パン型とフタの内側に分量外のショートニングを薄く塗っておく。

酵母用温水と生地用温水の温度の目安は、お風呂に入った時に気持ちいいと感じるくらいの温度です。

2 ボウルに**A**の粉類を入れ、泡立て器で混ぜ合わせる。

3 **2**の粉の真ん中をへこませて甜菜糖をこんもりと盛る。

酵母を溶かした温水が真ん中にたまりやすいように準備します。

4 甜菜糖の上に**1**の酵母を溶かした温水を注ぎ入れ、その容器に残った酵母も生地用温水で洗うようにしながら加える。

酵母は甜菜糖を加えると元気になるため、よく触れ合わせて。酵母を溶かした容器に酵母が残らないようにしましょう。

5 **4**のボウルの中身を泡立て器で粉っぽさが残る程度に混ぜ合わせ、そこに塩と菜種油を加え、生地がクリーム状になるまでよく混ぜ合わせる。

6 食パン焼型に**5**の生地を流し入れ、乾燥しないようにラップをして天板にのせ、オーブンの発酵機能を利用し、冬場は40度、夏場は35度で30～35分ほど、型の8分目くらいまで膨らむまで発酵させる。

生地が乾燥すると膨らみにくくなるので、必ずラップをしてください。

7 発酵が終了したらオーブンから取り出し、型にフタをして温かい場所に置く。オーブンを１９０度に予熱し終わったら、オーブンに戻し、１９０度で35分ほど焼く。

オーブンを予熱中もパン生地は発酵を続けます。待っている間に、型から生地があふれないように目配りしましょう。

8 焼き上がったら、すぐに型から取り出し、ケーキクーラーの上でしっかりと冷ましてから、密封袋などに入れて常温保存する。

温かいうちに切ろうとしても刃にくっついて切れません。完全に冷ましてから、食べる直前に切るようにしましょう。

食べきれなくても心配なし。
食べやすい厚さにカットし、
1枚ずつラップで包み、
保存袋に入れて冷凍庫へ。
凍ったまま
オーブントースターやグリルで、
低めの温度で加熱すれば、
いつでも食べられます。

さつまいも&レーズン食パン

野菜とアンチョビ&生ハムとアボカドのオープンサンド

さつまいも食パン

皮つきのさつまいもグラッセでヘルシー＆スイート

材料（フタ付き食パン焼型1斤分）

A ミズホチカラ（パン用米粉）…430g
　タピオカ粉…20g
白神こだま酵母…7g
酵母用温水…50g　生地用温水…300g
甜菜糖…25g　塩…6g　菜種油…25g

〈さつまいもグラッセ〉
皮つきさつまいも…中1/3本（70g）
水…40g　甜菜糖…20g　塩…ひとつまみ

作り方

1 5ミリ角に切った皮つきのさつまいもと水、甜菜糖、塩を鍋に入れ、フタをして弱火でやわらかく煮て、さつまいもグラッセを作る。

2 小さな容器に酵母用温水を入れ、そこに酵母をふり入れ、温かい場所に5分ほど置く。酵母が固まったら容器をゆすって温水にひたるようにする。パン型とフタの内側に分量外のショートニングを塗る。

3 ボウルに**A**を入れ、泡立て器で混ぜ合わせる。

4 **3**の粉の真ん中をへこませて甜菜糖をこんもりと盛る。

5 甜菜糖の上に**2**の酵母を溶かした温水を注ぎ入れ、その容器に残った酵母も生地用温水で洗うようにしながら加える。

6 **5**を粉っぽさが残る程度に混ぜ合わせ、そこに塩と菜種油を加え、生地がクリーム状になるまでよく混ぜ合わせる。**1**を加えてヘラで軽く混ぜる。

7 型に**6**の生地を流し入れ、乾燥しないようにラップをして天板にのせ、オーブンの発酵機能を利用し、冬場は40度、夏場は35度で30分ほど、型の8分目くらいまで膨らむまで発酵させる。

8 発酵が終了したらオーブンから取り出し、型にフタをして温かい場所に置く。オーブンを190度に予熱し終わったら、オーブンに戻し、35分ほど焼く。

9 焼き上がったら、型から取り出し、完全に冷ましてから、密封袋などに入れて常温保存する。

レーズン食パン

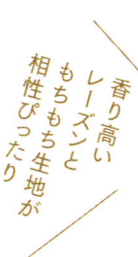

香り高いレーズンともちもち生地が相性ぴったり

材料（フタ付き食パン焼型1斤分）

A
- ミズホチカラ（パン用米粉）…430g
- タピオカ粉…20g
- 甜菜糖…25g　塩…6g
- 菜種油…25g　白神こだま酵母…7g
- 酵母用温水…50g
- 生地用温水（レーズンの戻し汁を加えたもの）…300g

B
- レーズン…80g
- 甜菜糖…30g　水…120g

作り方

1 鍋にBの水と甜菜糖を入れて煮溶かし、火を止め、粗く刻んだレーズンを加え、1時間ほど置く。戻したレーズンの水気を茶こしで切り、戻し汁と温水を加えて合計で300グラムの生地用温水にする。

2 小さな容器に酵母用温水を入れて酵母をふり入れ、温かい場所に5分ほど置く。酵母が固まったら容器をゆすって温水にひたるようにする。パン型とフタの内側に分量外のショートニングを塗る。

3 ボウルにAを入れ、泡立て器で混ぜ合わせる。

4 3の粉の真ん中をへこませて甜菜糖をこんもりと盛る。

5 甜菜糖の上に2の酵母を溶かした温水を注ぎ入れ、その容器に残った酵母も生地用温水で洗うようにしながら加える。

6 5を粉っぽさが残る程度に混ぜ合わせ、そこに塩と菜種油を加え、生地がクリーム状になるまでよく混ぜ合わせる。戻したレーズンを加えてヘラで軽く混ぜる。

7 型に6の生地を流し入れ、乾燥しないようにラップをして天板にのせ、オーブンの発酵機能を利用し、冬場は40度、夏場は35度で30分ほど、型の8分目くらいまで膨らむまで発酵させる。

8 発酵が終了したらオーブンから取り出し、型にフタをして温かい場所に置く。オーブンを190度に予熱し終わったら、オーブンに戻し、35分ほど焼く。

9 焼き上がったら、型から取り出し、完全に冷ましてから、密封袋などに入れて常温保存する。

野菜とアンチョビのオープンサンド

朝食にもブランチにもぴったり！魚と野菜をたっぷり摂れる

材料

米粉食パン…1枚
アンチョビ…3切れ
じゃがいも…中1/4個（30g程度）
アンチョビの缶詰のオイル…少々
塩…少々
粒マスタード…お好み
❶にんじんマリネ…大さじ1/2（水分を切った状態で）
❷玉ねぎマリネ…大さじ1/2（水分を切った状態で）

作り方

1 じゃがいもの皮をむいて3ミリ厚に切ってから水で洗い、ペーパータオルで水気を拭き、アンチョビ缶のオイルと塩をまぶしておく。

2 食パンの上に粒マスタードを塗ってから1を並べ、魚焼きグリルの中火で5分ほど焼く。

3 少しじゃがいもの歯触りが残る程度に焼き上がったら、じゃがいもの上に水気を切ったにんじんマリネと玉ねぎマリネを盛りつけ、一番上にアンチョビをのせる。

❶にんじんマリネの作り方

材料（作りやすい量）

にんじん…1/2本
A メープルシロップ…小さじ2
　オリーブオイル…小さじ2
　リンゴ酢…小さじ2
塩…小さじ1

(1)にんじんを洗って皮をむき、千切りにする。
(2)ビニール袋にAの調味料を入れて振り混ぜたところににんじんを加え、軽くもむ。
(3)さらに、袋に塩を加えてもみ、冷蔵庫へ。半日ほど置くと、味がしみておいしく食べられる。

生ハムとアボカドのオープンサンド

美肌効果が期待できるアボカドと、生ハムでちょっと贅沢気分に

材料

米粉食パン…1枚
生ハム…1枚
〈アボカドディップ〉
❷玉ねぎマリネ…大さじ½（水分を切った状態で）
アボカド…¼個（50g程度）
オリーブオイル…小さじ½
塩、こしょう…少々

作り方

1 玉ねぎマリネの汁を切ってみじん切りにする。アボカドの皮をむいて粗く切り、オリーブオイルを加えて混ぜ、塩、こしょうで味を調えてアボカドディップにする。

2 食パンを魚焼きグリルの中火でうっすらと焼き色がつくまで、5分ほど焼く。

3 焼き上がったら、アボカドディップをのせ、生ハムを飾る。

❷玉ねぎマリネの作り方

材料（作りやすい量）

玉ねぎ…大⅔個
A リンゴ酢…大さじ2
メープルシロップ…大さじ1
塩…小さじ¼

(1)玉ねぎを薄くスライスする。
(2)ビニール袋にAの調味料を入れ、軽く振り混ぜる。
(3)袋に玉ねぎを入れ、調味料とよく混ざるように袋の上からもみ、冷蔵庫で保存する。

米粉パンの食卓・和

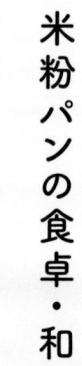

お米のパンだから、
和のお惣菜との相性も
抜群です。

具だくさんの豚汁

身体の芯まで
あたたまる！
主菜にもなる
ボリューム汁物

材料（2人分）

豚こま切れ肉…50g
大根…直径8cmのもので厚さ2cm程度
にんじん…中1/4本
ごぼう…中1/5本
白菜…1枚
だし…2カップ
醤油…小さじ2
味噌…小さじ2

作り方

1 豚肉は食べやすい大きさに切る。大根は7ミリ厚のいちょう形に切り、にんじんは5ミリ厚の半月形に切る。ごぼうは薄い斜め切り、白菜はひと口大に切る。

2 鍋に分量外の油を敷き、豚肉を色が変わるまで炒め、にんじん、ごぼう、大根を加えて油がなじむまで炒める。

3 **2**にだしを入れ、白菜を加え、弱火で具材がやわらかくなるまで煮る。

4 具材がすべてやわらかくなったら火を止め、醤油と味噌を入れて味を調える。

だしの取り方

材料（作りやすい量）

水…4カップ
昆布…2枚（10×10cm程度）
削り節…40g

鍋に水4カップと昆布を入れて1時間置いてから、弱火にかけ、沸騰する前に昆布を取り出す。沸騰したら削り節を入れ、ひと煮立ちしたら火を止める。削り節が沈んだら、ザルや茶こしでこす。

うどんを入れて
「豚汁うどん」にしても◎。
味噌小さじ2を追加して
味を濃厚にすると、
うどんに味がからみ
おいしくいただけます。

常備菜三種

❶れんこんの塩きんぴら

材料（作りやすい量）

れんこん…1/2節　にんじん…中1/5本

菜種油…小さじ1　塩…少々

作り方

1 れんこんを薄い輪切りか、大きければ半月切りにする。にんじんも薄い輪切りにする。

2 フライパンに油を敷き、れんこんとにんじんを入れて塩少々をふる。

3 フタをして2〜3分、時々箸で混ぜ、少し歯ごたえが残るくらいに中火で蒸し焼きにする。

作りおきできる常備菜は、忙しいママの強い味方

❷切干大根の煮物

材料（作りやすい量）

切干大根…30g　戻し汁…1カップ

にんじん…中1/5本

昆布…1枚（10×10㎝）

菜種油…大さじ1

醤油…大さじ1/2　甜菜糖…小さじ1/2

作り方

1 切干大根は水につけて戻し、食べやすい大きさに切る。戻し汁はとっておく。

2 にんじんは太めの千切りにする。昆布はハサミで細い千切りにする。

3 鍋に油を入れ、切干大根とにんじんを入れ、全体に油が回るように軽く炒める。そこに戻し汁、昆布、醤油、甜菜糖を入れ、フタをして味を煮含める。

❸ひじきとひよこ豆の煮物

材料（作りやすい量）

芽ひじき…30g

ひよこ豆の水煮…100g

ごぼう…中1/3本　にんじん…中1/4本

菜種油…大さじ1　醤油…大さじ2

メープルシロップ…大さじ1

塩…少々

だし…1カップ

作り方

1 ひじきは水につけて戻す。ひよこ豆は水で洗ってザルに上げ、水気を切っておく。にんじんは千切り、ごぼうはささがきにする。

2 鍋に油を敷き、にんじんと塩を入れ、全体に油が回るように炒める。にんじんの上にごぼうとひじきをのせ、だしと醤油とメープルシロップを入れ、フタをしてやわらかくなるまで煮る。ひよこ豆を加えて水分がなくなるまで煮含める。

米粉パンの食卓・洋

トーストしたお米のパンは、
外側カリッと中はふんわり。

赤ピーマンとオクラのハンバーグ

子どもが喜ぶ、苦みが少ない赤ピーマン。つなぎは良質のタピオカ粉で

材料（1人分）

赤ピーマン…1個
オリーブオイル…少々
オクラ…1本
（輪切りにして2枚を飾りに、残りはハンバーグのたねに）
タピオカ粉…小さじ1
〈ハンバーグのたね〉
豚肉…40g
玉ねぎ…1/6個
塩…ふたつまみ
こしょう…少々
しょうがのしぼり汁…少々

作り方

1 赤ピーマンを縦半分に切り、種をとって、オリーブオイルを全体に塗っておく。オクラは1センチの輪切りにし、2枚を飾り用、残りはみじん切りにしてハンバーグのたねにする。

2 豚肉と塩をビニール袋に入れて粘りが出るまでもみ、そこにみじん切りにしたオクラと玉ねぎ、調味料を加えて練り混ぜ、ハンバーグのたねを作る。

3 赤ピーマンの内側にタピオカ粉を振り、**2**を詰める。たねの上にオクラを差し込んで飾る。

4 魚焼きグリルに並べ、中火で10分ほど焼く。

おかずスープ

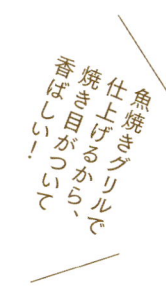

魚焼きグリルで仕上げるから、焼き目がついて香ばしい！

材料（1人分）

キャベツ葉…小1枚
玉ねぎ…小¼個
カブ…¼個
とうもろこし…20g
ベーコン…1枚
塩…ふたつまみ
水…⅓カップ強
塩、こしょう…少々

作り方

1 キャベツはひと口大、玉ねぎは薄切り、カブはいちょう切りにする。とうもろこしは軸からこそげとる（コーン缶でもよい）。

2 **1**を耐熱容器に入れて塩をふり、ラップをかけて600ワットの電子レンジで2分間加熱しておく。

3 **2**に切ったベーコンと水を加え、魚焼きグリルの中火で12分ほど煮込む。出来上がったら塩、こしょうで味を調える。

もっちり、しっとり

グルテンフリーの変わりパン

ベーグル、パンダパン、蒸しパンなど、
バリエーション豊かなパン作りが楽しめます。

基本

米粉のプレーンベーグル

噛めば噛むほど
おいしい！
蒸し焼き➡オーブンで
簡単に作れる

材料（小さめのサイズ4個分）

A
- ダイヤ（製菓用米粉）…100g
- ホワイトソルガム粉…40g
- タピオカ粉…10g

甜菜糖…15g
塩…2g
菜種油…10g
白神こだま酵母…2g
酵母用温水…25g
生地用温水…80g
ベーキングパウダー…4g
はちみつ（焼き色をつける時）…お好み

材料

生地を4等分にする〔作り方8〕

生地を棒状にする〔作り方8〕

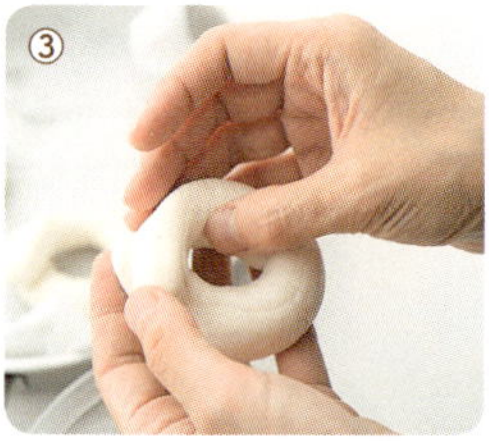

端を重ねてドーナツ型に成形〔作り方8〕

クッキングシートの下に熱湯を注ぎ入れる〔作り方9〕

薄めたはちみつをハケで塗る〔作り方10〕

小麦のベーグルに比べて焼き色は薄め〔作り方10〕

作り方

1 小さな容器に酵母用温水を入れ、そこに酵母をふり入れ、温かい場所に5分ほど置く。酵母が固まったら容器をゆすって温水にひたるようにする。

2 ボウルに**A**の粉類を入れ、泡立て器で混ぜ合わせる。

3 **2**の粉の真ん中をへこませて、甜菜糖をこんもりと盛る。

4 甜菜糖の上に**1**を注ぎ入れ、生地用温水を酵母が入っていた容器を洗うようにしながら加え、手で軽く混ぜる。

5 **4**に塩と菜種油を加え、なめらかになるまで手でこね混ぜ、耳たぶくらいの固さにする。

ボウルの中でこね混ぜるよりも、手のひらの上で丸めたり、つぶすようにしながらこねると簡単です。

6 **5**の生地を丸くひとまとめにしてボウルに入れて、ボウルの上にぴっちりとラップをする。オーブンの発酵機能などで35度に設定し、生地が1・5倍くらいになるまで25分ほど一次発酵させる。

発酵時間はひとつの目安です。20分経過した頃に様子を見て、足りないようなら発酵時間を長くしてください。

7 大きめのフライパンにクッキングシートの端がはみ出るように敷き、準備する。

8 一次発酵が終わった生地にベーキングパウダーを加え、手のひらの上でよくこね混ぜ、ボウルにひとまとめにする。その生地を4等分し、4等分した1つ分を手のひらの上で転がすようにして棒状にし、端を重ねてドーナツ型に成形する。フライパンに敷いたクッキングシートの上に並べ終わったら、フタをして温かい場所に置いて20～30分ほど二次発酵させる。発酵すると、ふっくらとして穴が小さくなる。

9 オーブンを220度に予熱しはじめる。**8**の二次発酵が終わったら、生地を並べたクッキングシートの下に、分量外の熱湯（1カップ）を注ぎ入れる（やけどと、生地に熱湯がかからないようにご注意を）。クッキングシートの端がフライパンから出ないように折り込み、生地につかないようにふきんをはさみ、フライパンにフタをし、中火で7分ほど蒸し焼きにする。

10 天板にクッキングシートを敷き、ベーグルを並べ、220度に予熱したオーブンで10分程度、うっすらと焼き色がつくまで焼く。ベーグルの表面に水と1対1で薄めたはちみつをハケで塗ると焼き色がつきやすい。

米粉ベーグルの三色ベジタブルディップ

米粉のパンダパン

米粉ベーグルの三色ベジタブルディップ

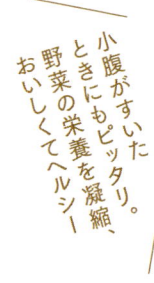

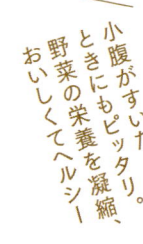

小腹がすいた
ときにもピッタリ。
野菜の栄養を凝縮、
おいしくてヘルシー

❶赤いディップ

材料（作りやすい量）

パプリカ（赤）…1個
オリーブオイル…小さじ1
塩…ふたつまみ
赤レンズ豆（乾燥）…50g
水…50g

A
醤油…大さじ1
オリーブオイル…小さじ2
リンゴ酢…小さじ1
塩…小さじ½

塩、黒こしょう…適宜

作り方

1 洗った赤レンズ豆と水を耐熱容器に入れ、蒸し器で15分ほど蒸す。

2 パプリカを半分に切ってへたと種をとり、太い千切りにしてオリーブオイルと塩をまぶしてアルミホイルに包み、魚焼きグリルの中火で15分ほど蒸し焼きにする。

3 **1**、**2**と**A**の調味料をブレンダーでペースト状にする。塩、黒こしょうで味を調える。

❷白いディップ

材料（作りやすい量）

ホワイトマッシュルーム（生）…1パック（80g）
カリフラワーの花蕾…40g
オリーブオイル…大さじ1
チアシード…小さじ1
塩…小さじ½
リンゴ酢…小さじ½
にんにく…少々

作り方

1 マッシュルームを輪切りにする。カリフラワーはみじん切りにする。

鮮度のいいマッシュルームでないと生食できないのでご注意ください。

2 カリフラワー以外の材料すべてをブレンダーでペースト状にする。

3 **2**にカリフラワーを加えて混ぜる。

作り置きすると変色するので、できあがったら、すぐにいただきましょう。

❷緑のディップ

材料（作りやすい量）

グリーンピース（冷凍）…100g
ひよこ豆（缶詰）…100g
オリーブオイル…大さじ1
塩…小さじ½

作り方

1 鍋にグリーンピースと分量外の少量の水を入れて中火にかけ、焦がさないようにやわらかくなるまで加熱し、ザルに上げて水分を切る。ひよこ豆もザルに上げて水分を切る。

2 材料すべてをブレンダーにかける。グリーンピースの食感が残るくらいのペースト状にする。

❷

❸ ❶

米粉のパンダパン

食べるのが
もったいないほど
カワイイ!
子どもと一緒に
楽しく作りたい

材料（小さめのサイズ4個分）

A ダイヤ（製菓用米粉）…100g
ホワイトソルガム粉…40g　タピオカ粉…10g
甜菜糖…20g　塩…2g　菜種油…10g
白神こだま酵母…2g　酵母用温水…25g
生地用温水…80g　ベーキングパウダー…4g
ココアパウダー（茶色の生地用）…3g
メープルシロップ（茶色の生地用）…3g
さつまいもあん…60g

作り方

1 小さな容器に酵母用温水を入れ、そこに酵母をふり入れ、温かい場所に5分ほど置く。酵母が固まったら容器をゆすって温水にひたるようにする。

2 ボウルに**A**を入れ、泡立て器でよく混ぜ合わせる。

3 **2**の粉の真ん中をへこませて甜菜糖をこんもりと盛る。

4 甜菜糖の上に**1**の酵母を溶かした温水を注ぎ入れ、生地用温水を酵母が入っていた容器を洗うようにしながら加え、手で軽く混ぜる。

5 **4**のボウルに塩と菜種油を加えて、なめらかになるまで手でこね混ぜ、耳たぶくらいの固さにする。

6 **5**の生地を丸くひとまとめにしてボウルに入れて、ボウルの上にぴっちりとラップをする。オーブンの発酵機能などで35度に設定し、生地が1・5倍くらいになるまで25分ほど一次発酵させる。

7 大きめのフライパンの内側にクッキングシートの端がはみ出るように敷く。皿にさつまいもあんを4等分にして丸め、ラップをかけておく。

8 一次発酵が終わった生地にベーキングパウダーを加え、よくこね混ぜる。そこから目のまわりと耳と鼻の分として全部で45グラム、目玉の分を2グラム、それぞれとりわける。

9 **8**でとりわけた45グラムの生地にココアとメープルシロップを混ぜ、パンダの目のまわりと耳と鼻の生地を作る。ラップで包んでおく。目玉の分は白いままラップに包んでおく。

10
8で残った白い生地をゴムベラで4等分して丸める。丸めたものを手のひらの上で平たくつぶし、生地の真ん中に**7**で丸めたさつまいもあんをのせ、生地の端と端をくっつけてから、中のあんが飛び出ないように手のひらの上で転がしながら丸くする。くっつけた端の部分が下になるように、クッキングシートの上に並べる。残りの3つも同じようにする。

パン生地は乾燥したり温度が下がると膨らみにくくなります。作業中は生地を温かい場所に置いてラップで覆いましょう。

11
9で用意した茶色の生地から、耳を作るために4グラム×8個、目のまわりを作るために2グラム×8個とりわけ、残った生地を4等分して鼻を作る。

12
耳は丸かまぼこ型、目のまわりは平たい楕円形、鼻は米粒くらいの大きさに丸めてパンダの顔にくっつける。

13
8で取り分けた白い生地から米粒ほどの大きさの丸を8個作り、目玉にしてくっつけ、パンダパンの成形ができあがり。成形の間に二次発酵が進み、少しふっくらとした感じになる。

14
フライパンにクッキングシートを敷いてパンダパンを並べ、クッキングシートの下に、分量外の熱湯（1カップ）を注ぎ入れる。クッキングシートの端がフライパンの外に出ないように折り込み、ふきんでパンダパンに水滴が落ちないようにしてから、フライパンにフタをし、弱めの中火で15分ほど蒸し焼きにする。

15
蒸し焼きにしたパンダパンはケーキラックの上で冷ます。

さつまいもあんの作り方

材料（パンダパン4個分）
さつまいも…60g（正味）
メープルシロップ…5g
塩…ひとつまみ

さつまいもをやわらかくなるまで加熱して、皮をむいてつぶし、塩を加え、少量ずつメープルシロップを入れてなじませる。

さつまいもが温かいうちに作業すると混ぜやすいです。メープルシロップの量はなめらかになるように調整してください。

うずら豆の米粉蒸しパン

もちふわ食感と
ほんのり甘い
うずら豆で
ヘルシーなおやつに

材料（小さなマフィンカップ4個分）

A
- ダイヤ（製菓用米粉）…80g
- コーンスターチ…20g
- 甜菜糖…20g
- カボチャパウダー…5g
- ベーキングパウダー…5g
- 塩…ひとつまみ

B
- リンゴジュース…100g
- 菜種油…30g

うずら豆の煮豆…40g

作り方

1 蒸し器にお湯を沸かす。うずら豆をザルなどにのせ、水分を切る。Aの粉類をビニール袋に入れ、袋の口をおさえて軽く振り混ぜる。Bの液体を紙コップに入れておく。

2 紙コップの液体をビニール袋に入れ、袋の上から手でもみ混ぜ合わせる。飾る分のうずら豆を数粒とりわけ、できあがった生地に残りのうずら豆を入れて、軽く混ぜる。

3 2の生地を4等分にしてカップに入れ、上にうずら豆を飾る。

4 蒸気の上がった蒸し器にカップを入れ、蒸し器とフタの間にふきんをかませ、14分程度蒸す。蒸し上がったらすぐに取り出し、カップに入れたまま冷ます。

うずら豆の煮豆の作り方

材料（作りやすい分量）
- うずら豆…2カップ
- 水…4カップ
- 甜菜糖…1カップ
- 塩…ひとつまみ

(1) 豆は洗ってからたっぷりの水にひと晩浸して戻す。

(2) (1)をつけ汁ごと鍋に移して強火で煮る。煮立ったら弱火にし、水が少なくなったら差し水をする。アクが出たら取り、豆がやわらかくつぶれるほど煮る。

(3) 鍋に(2)と甜菜糖を入れ、軽く混ぜてから中火で焦げないように煮る。煮汁がほとんどなくなったら塩を加え、混ぜてから火を止める。

(4) 鍋の中で豆をひとまとめにし、アルミホイルで落とし蓋をしてから冷めるまでフタをしておく。

ベジ・クリーム三種のコロネ

野菜を使ったクリームでヘルシー＆スイート

材料（3個分）

A
- ダイヤ（製菓用米粉）…100g
- ホワイトソルガム粉…40g
- タピオカ粉…10g

甜菜糖…20g
塩…2g
菜種油…10g
白神こだま酵母…2g
酵母用温水…25g
生地用温水…80g
ベーキングパウダー…4g
かぼちゃクリーム…適宜
さつまいもクリーム…適宜
さつまいもチョコクリーム…適宜

作り方

◉かぼちゃクリーム
◉さつまいもクリーム

皮を厚くむいて加熱しやわらかくなったかぼちゃ（さつまいも）30gをつぶし、メープルシロップ小さじ1と塩ひとつまみを混ぜる。

◉さつまいもチョコクリーム

皮を厚くむいて加熱しやわらかくなったさつまいも25gをつぶし、メープルシロップ小さじ1とココアパウダー小さじ1を混ぜる。

1 34～35ページの米粉のプレーンベーグルの作り方**1**～**6**と同じ手順で生地を作り、一次発酵させる。フライパンの内側にクッキングシートの端がはみ出るように敷く。

2 一次発酵が終わった生地にベーキングパウダーを加え、手のひらの上でよくこね混ぜる。その生地を3等分する。それぞれの生地を丸め、まな板の上で30センチくらいの棒状に伸ばし、コロネ型にまきつける。

市販のコロネ型は直径3センチ程度の太さですが、米粉には直径2センチ程度がベター。アルミホイルを円錐型に丸め、その上にクッキングシートを巻けば自作の型ができあがります。

3
2をクッキングシートの上に並べ、フライパンにフタをして温かい場所に置き、25分ほど二次発酵させる。

4
二次発酵が終わったら、コロネ生地を並べたクッキングシートの下に、分量外の熱湯（1カップ）を注ぎ入れる。フライパンにフタをし、生地につかないようにふきんをはさみ、中火で7分ほど蒸し焼きにする。

5
オーブンを２２０度に予熱する。

6
２２０度で10分程度、うっすらと焼き色がつくまで焼く。ケーキラックなどの上で冷まし、コロネ型を回しながらゆっくり引き抜き、クリームをつめる。

イタリアンの定番も、おいしくアレンジ

グルテンフリーのパスタ

もちもちで歯切れよし、つるんとした新食感！
米粉の生パスタでヘルシーイタリアンを食卓に。

基本

米粉のタリアテッレ
切干大根とれんこんのミートソース

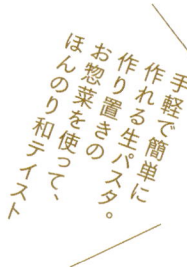

手軽で簡単に
作れる生パスタ。
作り置きの
お惣菜を使って、
ほんのり和テイスト

材料（2人分）

〈タリアテッレ〉

A
- ダイヤ（製菓用米粉）…80g
- タピオカ粉…40g　塩…1g

熱湯…75g　オリーブオイル…10g

〈ミートソース〉（作りやすい量）

豚ひき肉…200g
玉ねぎ…中1個
にんじん…中1本
塩…小さじ1と½　甜菜糖…小さじ1
ローリエ…数枚　トマトの水煮缶…1缶

B
- 切干大根の煮物（みじん切り）…大さじ3
- れんこんの塩きんぴら（みじん切り）…大さじ3　*27ページを参照

塩、こしょう…適宜

熱湯を注ぎ入れ、フォークでかき混ぜる〔作り方 2-(2)〕

オリーブオイルを加えて、さらにこねる〔作り方 2-(2)〕

油分がなじむまでこねる〔作り方 2-(2)〕

麺棒で伸ばし、8ミリほどの幅に切る〔作り方 2-(3)〕

作り方

1 ミートソースを作る

(1)玉ねぎとにんじんをみじん切りにする。

(2)鍋に分量外の油を敷き、豚ひき肉と玉ねぎを入れ、ひき肉をくずしながら中火で色が変わるまで炒める。肉の色が白っぽく変わったらにんじんと塩も加え、全体に油が回る程度に炒める。

(3) (2)にトマトの水煮と塩、甜菜糖、ローリエを入れて、時々かきまぜながら水分がほとんどなくなるまで煮込む。

(4) (3)に**B**を加えて5分ほど煮込んで味をなじませ、塩、こしょうで味を調える。

みじん切りした切干大根の煮物とれんこんの塩きんぴらを追加することで、歯ごたえのあるおいしいパスタソースに。

2 タリアテッレを作る

(1)**A**の粉類をボウルに入れて泡立て器でかき混ぜる。

(2)ボウルに入った粉類に熱湯を注ぎ入れ、フォークでかき混ぜ、人肌くらいの温度になったら手で粉がまとまるまでこねる。そこにオリーブオイルを加えて油分がなじむまでこね、なめらかな生地にする。

(3) (2)の生地がほんのり温かいうちに、まな板の上に分量外の打ち粉(タピオカ粉)をし、麺棒で2ミリ程度の厚さに伸ばし、8ミリほどの幅に切る。

(4)切り終わったタリアテッレにタピオカ粉をまぶす。くっついているものがあったら、1本ずつになるように離す。

(5)タリアテッレをほぐしながら、たっぷりの水に塩を入れて沸かしておいた鍋に入れ、2分ほど茹でる。

(6)茹で上がったら、お湯を切って皿に盛り、ソースをかけていただく。

乾燥するとタリアテッレが切れやすくなるので、できあがったらすぐに茹でるようにしましょう。

タリアテッレとは、
イタリア北部で食べられる
パスタの一種で、
平たいリボン状の麺。
平麺なのでミートソースが
よくからみます。

野菜たっぷり米粉ラザニア

手作りホワイトソースが味の決め手。ココナッツミルクのコクが絶品

材料（17×17×高さ5㎝の耐熱容器1個分）

〈ミートソース〉…お好み　＊48〜49ページを参照

〈ホワイトソース〉

じゃがいも…1個　玉ねぎ…1/4個

A 塩…小さじ1/3　水…1/2カップ

ココナッツミルク…2/3カップ

タピオカ粉…大さじ2強

メープルシロップ…小さじ2

〈米粉ラザニア〉

B ダイヤ（製菓用米粉）…40g

タピオカ粉…10g　塩…ひとつまみ

熱湯…35g　オリーブオイル…5g

作り方

1 ホワイトソースを作る

(1)皮をむいたじゃがいもを5ミリ厚のいちょう切りにし、玉ねぎは薄切りにする。

(2)鍋に(1)とAを入れて煮立たせ、フタをして10分ほどじゃがいもがやわらかくなるまで弱めの中火で煮る。

(3)火を止めた鍋に、ココナッツミルクで溶いたタピオカ粉、メープルシロップを加える。ブレンダーでなめらかにし、かき混ぜながらとろみがつくまで弱火で加熱し、分量外の塩で味を調える。

2 米粉ラザニアを作る

(1)Bの粉類をボウルに入れてかき混ぜる。

(2)ボウルに熱湯を注ぎ入れ、フォークでかき混ぜ、人肌くらいの温度になったら手で粉がまとまるまでこねる。そこにオリーブオイルを加えてこね、なめらかな生地にする。

(3)(2)を四角くまとめ、生地がほんのり温かいうちに、まな板の上に分量外の打ち粉（タピオカ粉）をし、麺棒で生地を16×16センチの大きさに伸ばす。フライパンに水と分量外の塩を入れて沸騰させておく。

(4)耐熱容器にお好みの量のミートソースを敷いておく。ラザニアを2分茹でる。

板状のパスタなので茹で上がると裂けやすくなります。フライ返しでていねいに取り出してください。

(5)ラザニアをミートソースの上にのせ、その上にホワイトソースをかけ、250度で12〜15分ほど、うっすらと焼き色がつくまで焼く。

米粉のオレキエッテ ブロッコリーソース

ビタミン豊富なブロッコリーをシンプルに味わえる、もちもち生パスタ

材料（2人分）

〈米粉オレキエッテ〉

A
- ダイヤ（製菓用米粉）…80g
- タピオカ粉…20g
- 塩…2g

熱湯…75g

オリーブオイル…7g

〈ブロッコリーソース〉

小房に切ったブロッコリー…$1/2$株

ニンニクの薄切り…1かけ

輪切りにした鷹の爪…2本（お好みで増減してください）

オリーブオイル…大さじ2

塩…小さじ$1/3$（お好みで増減してください）

こしょう…少々

作り方

1 鍋に分量外のたっぷりの水を沸かし、少量の塩を入れ、ブロッコリーがクタッとやわらかくなるまで5分ほど茹でる。ブロッコリーは玉じゃくしなどですくい上げ、お湯は捨てないでおく（オレキエッテを茹でる時に使用）。

2 フライパンにニンニクと鷹の爪、オリーブオイルを入れ、香りが立つまで加熱する。香りが立ったらブロッコリーを入れ、木べらなどでつぶしながら、さらに加熱してソースを作り、火を止める。

3 **A**をボウルに入れてかき混ぜる。

4 **3**に熱湯を注ぎ入れ、フォークでかき混ぜ、人肌くらいの温度になったら手で粉がまとまるまでこねる。そこにオリーブオイルを加え油分がなじむまでこね、耳たぶくらいの固さのなめらかな生地にする。

5 **3**の生地をまな板の上で、親指よりもひとまわり太い程度の棒状に伸ばし、包丁で5ミリ程度の輪切りにする。親指の腹を押しつけて、耳たぶのようなくぼみを作る。分量外の打ち粉（タピオカ粉）をする。

親指の腹でくぼみを作る

6 **1**の茹で汁を沸騰させ、オレキエッテを入れて、2分ほど茹でる。くっつかないように菜箸でひと混ぜする。

7 浮き上がってきたオレキエッテをざるにあげる。ブロッコリーソースを温めたところにオレキエッテを入れてあえ、分量外の塩、こしょうで味を調える。

オレキエッテとは、小さな耳のような形をしたパスタのこと。イタリア南部・プーリア州の伝統的なパスタです。

グルテンフリーのうどん

米粉だから、もっちりおいしくて腹もちがいい!
細うどん・太うどん、温製・冷製どちらもＯＫ。

手打ち麺が、
驚くほど簡単にできる

基本

米粉の細うどん

おいしい
手打ち麺だから、
シンプルなだし汁でも
味わい深い

材料（1人分）

〈うどん〉

A
- ダイヤ（製菓用米粉）…70g
- タピオカ粉…30g
- 塩…ふたつまみ

熱湯…85g

〈だし汁〉

B
- 昆布（10×10㎝のもの）…1枚
- 水…2カップ
- 削り節…20g

塩…小さじ½

醤油…小さじ2

麺棒で3ミリ程度の厚さに伸ばす
〔作り方 2-(3)〕

5ミリ幅に切る〔作り方 2-(3)〕

茹でる前に打ち粉をする
〔作り方 2-(3)〕

たっぷりのお湯で茹でる
〔作り方 2-(4)〕

作り方

1 だし汁を作る

(1)鍋にBの昆布と水を入れて弱火にかけ、沸騰する前に昆布を取り出す。そこに削り節を入れ、ひと煮立ちしたら火を止める。削り節が沈んだら、ペーパータオルやふきんを敷いたザルでこす。

(2)だし汁を鍋に入れて温め、塩と醤油を入れて味を調える。

2 うどんを作る

(1)Aをボウルに入れて、菜箸などでかき混ぜる。

(2)(1)に熱湯を入れ、やけどに気をつけながら菜箸などでかき混ぜる。冷めてきたら、手でなめらかになるまでこねる。耳たぶよりも少しやわらかいくらいの固さになるようにする。

(3)(2)の生地をまとめ、生地がほんのり温かいうちに、まな板の上に分量外の打ち粉（タピオカ粉）をし、麺棒で3ミリ程度の厚さに伸ばし、5ミリ幅に切る。茹でる前に、麺を一本ずつほぐし、分量外の打ち粉（タピオカ粉）をしておく。

あまり細く切ると、茹でている間に切れやすくなるので気をつけましょう。

(4)鍋にたっぷりとお湯を沸騰させ、ほぐした麺を入れ、菜箸でひと混ぜする。浮き上がってくるまで2分ほど茹でる。

(5)冷たい水で麺をしめる。

鍋の中で茹で上がった麺はふにゃふにゃですが、冷たい水で洗うと、つるつる・しこしこに。

3

温めただし汁にうどんを入れ、煮立たせないようにして温める。

米粉のけんちん太うどん

具だくさんで栄養満点、
おいしくて箸が進む

材料（2人分）

〈太うどん〉　＊52ページを参照

〈けんちん汁〉
豚こま切れ肉…50g
大根…直径8㎝のもので厚さ2㎝
にんじん…中$\frac{1}{4}$本
ごぼう…中$\frac{1}{5}$本
白菜…1枚
だし…2カップ
塩…少々
醤油…小さじ2

作り方

1　太うどんを作る

56〜57ページの「うどんを作る」を参照し、作り方**2**-(3)の麺棒で伸ばす際に5ミリ程度の厚さに伸ばし、1センチ幅に切る。

2　けんちん汁を作る

(1)豚肉は食べやすい大きさに切る。大根は7ミリ厚のいちょう形に切り、にんじんは5ミリ厚の半月形に切る。ごぼうは薄い斜め切り、白菜はひと口大に切る。

(2)鍋に分量外の油を敷き、豚肉を入れて色が変わるまで炒め、にんじんとごぼうと大根を加えて油がなじむまで炒める。焦げ付くようなら鍋に油を加える。

(3)(2)にだしを入れ、具材をすべて入れる。弱火で材料がやわらかくなるまで煮る。

(4)具材がやわらかくなったら塩を入れて2分ほど煮てから火を止め、醤油を入れて味を調える。太うどんを入れたら、軽く温める。

米粉のうどんは水分を吸うとぬめりが出て、切れやすくなります。けんちん汁にうどんを入れてからは軽く温める程度に。

米粉のざるうどん・米粉のかきあげ

米粉の衣だから、
油を吸収しにくくヘルシー。
サクサクにあがって、
軽い食感に

材料（1人分）

〈ざるうどん〉　＊56〜57ページを参照

〈つけ汁〉
だし…1カップと2/3　＊57ページのだし汁の全量
醤油…大さじ2
甜菜糖…小さじ1　塩…小さじ1/3

〈かきあげ〉
ダイヤ（製菓用米粉）…大さじ6
水…大さじ5
とうもろこし（生）…中1/4本
いんげん…4本
にんじん…先端部分から5㎝
ちりめんじゃこ…大さじ2
玉ねぎ…中1/4個
菜種油（揚げ油）…適量

作り方

1　ざるうどんを作る
56〜57ページ細うどんのレシピを参照。

2　つけ汁を作る
醤油以外の調味料を鍋に入れ、煮立たせないように弱めの中火で加熱し、調味料が溶けたら火を止め、醤油を加えて混ぜ合わせ、冷ましておく。

3　かきあげを作る
(1)とうもろこしは包丁で粒がバラバラにならないようにこそげとる。いんげん3本は5センチの長さに切り、1本は5ミリほどの輪切りにする。にんじんは長さ5センチの太めの千切りにする。玉ねぎは薄切りにする。
(2)米粉に水を入れ、ダマが残らないようにボウルの中でよく混ぜて衣を作る。
(3)具材ごとに、いんげん、とうもろこし、ちりめんじゃこと玉ねぎ、にんじんといんげんの輪切りをそれぞれ器に入れ、衣をからめ、180度の菜種油で揚げる。

4
お好みで薬味を添えて、ざるうどん、つけ汁とともにいただく。

中華の定番おかずも、米粉の皮でおいしく

グルテンフリーの点心

もっちりと厚めの皮とぎっしりつまったあんで
食べごたえのある一品に。

基本

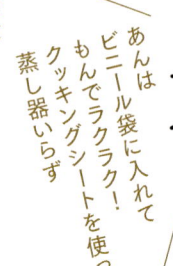

米粉のシューマイ

あんは
ビニール袋に入れて
もんでラクラク！
クッキングシートを使って、
蒸し器いらず

材料（10個分）

〈生地〉

A
- ミズホチカラ（米粉）…65g
- タピオカ粉…15g
- 塩…ふたつまみ

熱湯…50g　菜種油…5g

〈あん〉（作りやすい量）

豚ひき肉…170g
玉ねぎ…中$\frac{1}{4}$個　しいたけ…中1枚
タピオカ粉…大さじ2
塩…小さじ$\frac{1}{2}$
しょうが（すりおろし）…小さじ$\frac{1}{2}$
こしょう…少々
とうもろこし（飾り）…10粒

フォークでかき混ぜる〔作り方 2-(2)〕

なめからになるまでこねる〔作り方 2-(2)〕

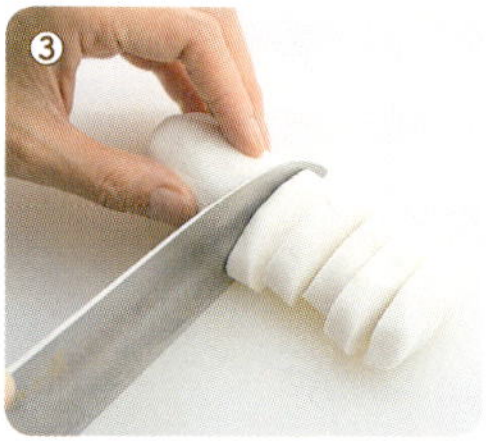

棒状にまとめて 10 等分に〔作り方 2-(3)〕

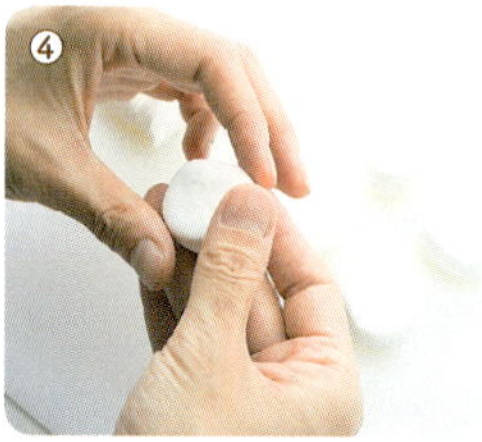

1 個ずつ丸める〔作り方 2-(3)〕

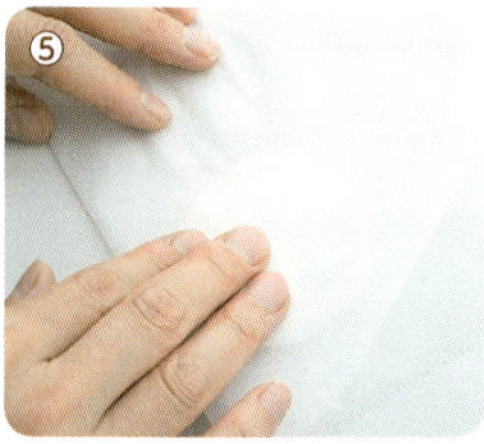

生地をクッキングシートにはさんでつぶす〔作り方 2-(3)〕

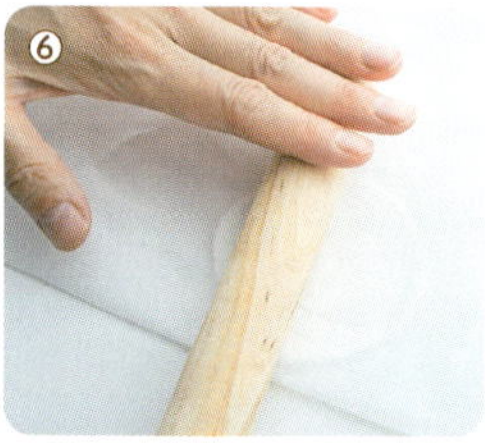

麺棒で直径 7 ～ 8 センチにのばす〔作り方 2-(3)〕

ぎゅっと握って、皮とあんをくっつける〔作り方 3〕

作り方

1 あんを作る

玉ねぎとしいたけをみじん切りにしてタピオカ粉をまぶす。ビニール袋に豚ひき肉と塩を入れ、袋の上からもむ。ひき肉にねばりが出たら、玉ねぎとしいたけを加え、しょうがとこしょうも入れてもみこむ。

2 皮を作る

(1) Aの粉類をボウルに入れてかき混ぜる。

(2) (1)の粉類に熱湯を注いでフォークでかき混ぜ、冷めてきたら手でこねる。粉っぽさがなくなったら菜種油を加え、なめらかになるまでこねる。

(3) 生地が温かいうちに棒状にまとめて10等分にし、1個ずつ丸める。丸めた生地は1個ずつクッキングシートにはさんで手のひらでつぶし、シートの上から麺棒で直径7〜8センチにのばす（打ち粉はしない）。のばした生地は重ねずに皿にのせ、ラップをかける。

3 あんを10等分にして皿の上に丸めておく。皮の真ん中にあんをのせ、皮であんの上部まで包み込み、手のひらの上でぎゅっと握って、皮とあんをしっかりとくっつける。飾りのとうもろこしをのせる。

4 大きめのフライパンにクッキングシートを敷き、シューマイを並べる。クッキングシートの下に分量外の熱湯（1カップ）を注ぎ入れ、ふきんをはさんでフタをして強火で加熱する。フライパンとフタのすき間から蒸気が出てきたら弱火にして10〜12分蒸す。お好みで酢醤油などをつけていただく。

米粉の水餃子

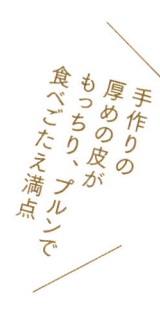

手作りの
厚めの皮が
もっちり、プルンで
食べごたえ満点

材料（2人分）

〈生地〉

A
- ミズホチカラ（米粉）…120g
- タピオカ粉…30g
- 塩…ふたつまみ

熱湯…100g
菜種油…10g
打ち粉（タピオカ粉）…適量

〈あん〉

豚ひき肉…100g
わけぎ（みじん切り）…大さじ3
とうもろこし（ホールの缶詰）…大さじ4
塩…ふたつまみ

作り方

1 ビニール袋に豚ひき肉とわけぎ、塩を入れ、袋の上からもむ。ねばりが出たら、とうもろこしを加えて軽く混ぜる。

2 **A**をボウルに入れ、フォークでかき混ぜる。

3 **2**に熱湯を加えてフォークで混ぜ、冷めてきたら手でこねる。生地がまとまってきたら菜種油を加え、耳たぶくらいの固さになめらかになるまでこねる。

4 **3**の生地が温かいうちに20センチほどの棒状にまとめ、分量外の打ち粉（タピオカ粉）をしたまな板の上に置き、15個の輪切りにする。輪切りにしたものの上から打ち粉をして、1個ずつ上から手のひらで押しつぶしてから、指先で押しつぶしながら直径7～8センチほどの皮を作る。できた皮はくっつかないように打ち粉をし、乾燥しないようにラップをする。

打ち粉をしてから生地を練り直すと、打ち粉が生地に入り込んで破れやすくなります。

5 あんを15等分する。皮の真ん中にあんをのせ、分量外のタピオカ粉を溶かした水を皮の周囲につけてしっかりと口を閉じる。

6 鍋にたっぷりとお湯を沸騰させ、水餃子を入れる。浮かんできてから5分ほど中火で茹でて取り出す。醤油をつけていただく。

作ったらすぐに茹でるようにしてください。皮が乾燥すると茹でている間に割れやすくなります。

アレルギーと食事

子どもに食物アレルギーがあると言うと、よく聞かれることがあります。

「何を食べてるの？」

洋風の食事やおやつが当たり前になっている今、小麦・卵・乳製品・大豆を使わない食べ物をイメージしようとしても、すぐに思い浮かべるのは難しいことかもしれません。私もそうでした。

息子が食物アレルギーだとわかった当時は、途方に暮れることばかり。食べたいけれど避けなくてはならないものが次々と頭に浮かび、慣れない子育てとあいまって、いつも強いストレスを感じ、心身ともにヘトヘトでした。

パンやパスタは食べられない、クッキーやケーキは買えない……私が食べたいものが食べられない。「できないこと」を数え上げても何の解決策も生み出さないとわかっているのに、つらい気持ちがつのるばかりでした。

息子の離乳食の主食は米と雑穀だったのですが、ある時、粒ではなく、いろいろな雑穀の粉を発見。試しにひえ粉とリンゴジュースで蒸しパンを作ってみたら、おいしい！　以来、知らない食材を見つけるのが楽しみになりました。

インターネットで探してみると、世界各国の食文化や日本各地の郷土料理に使われる食材など、なじみがなかったけれど食べられるものがたくさんあって「知らなくて、今までもったいないことしてたなぁ」と思うこともたびたび。今まで経験したことがない食感や風味に出合い、工夫して食べることで、息子のアレルギーに合わせた我が家の食卓も徐々に豊かになっていきました。

息子が生まれる前とはまったく違う食生活。でも、とても楽しく、おいしいごはんとおやつ。私が子どもの頃に大好きだったアメリカンドッグを作って出してみたら、「おかわり！　もう1本食べたい！」。ケチャップも手作りしたら簡単にできて、トマトのうまみたっぷりの優しい味。タルトもパンケーキもガトーショコラも、みんな小麦なしで作れる！　小麦で作った洋菓子よりも、私はこっちの味のほうが好きかも!?

「これしか食べられないから」と我慢して食べるのではなく、「これを楽しんで食べる」とポジティブに捉えること。そして、作ること自体の手間も楽しみ、「おいしく食べる」こと。考え方や物の見方を変えると、食の世界がさらに広がり、食べることがますます楽しくなります。本書を手に、なじみのなかった味と出合い、好きになっていただけたら、とても嬉しく思います。

主菜＆副菜

たとえ食物アレルギーがあっても、
日々の食事は楽しみたいもの。
家族の健康に配慮しながら、
私がよく家で作っている
和・洋のレシピをご紹介します。

鶏肉の甘酒焼き

鶏むね肉でも、
甘酒とはちみつを
使った漬け込み液で、
しっとりおいしく
仕上がる。

材料（1〜2人分）

鶏むね肉…1枚

〈漬け込み液〉

甘酒…大さじ2

はちみつ…大さじ1

菜種油…小さじ1

塩…小さじ1

作り方

1 鶏むね肉に軽く分量外の塩をふり、15分ほど置く。出てきた水分をペーパータオルなどで拭き取る。

2 ビニール袋に漬け込み液の材料を入れて混ぜ、そこに鶏むね肉を入れ、常温に1時間ほど置き、肉に火が通りやすい状態にしておく。

3 オーブン天板全体を覆うようにアルミホイルを敷き、漬け汁をたっぷりとつけた鶏肉の皮目を上にしてのせる。厚みが薄い部分は折り込んで肉の厚みが均等になるように揃える。

4 250度に予熱しておいたオーブンに入れて5分ほど焼いた後、140度に下げて20分ほど焼く。焼き上がったら、オーブンから取り出し、敷いておいたアルミホイルで包み、予熱で中まで火を通す。

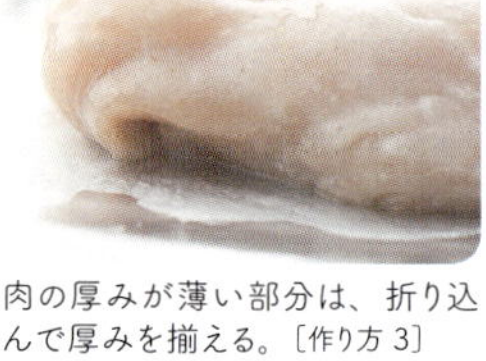

肉の厚みが薄い部分は、折り込んで厚みを揃える。〔作り方 3〕

豚バラ肉の和風バーベキュー

リンゴ酢で、豚肉をやわらかく。
魚焼きグリルで
余分な脂も抜ける

材料（2人分）

豚バラ肉（塊）…400g　塩…小さじ1

〈漬け込み液〉

醤油…大さじ4　リンゴ酢…大さじ1

ニンニク…1かけ　しょうが…1かけ

作り方

1 豚バラ肉に塩をして15分ほど置く。水分が出てきたらペーパータオルで拭き取る。

2 ビニール袋に漬け込み液の材料を入れて混ぜ、そこに豚バラ肉を入れ、30分ほど置く。

3 魚焼きグリルに豚バラ肉を並べ、弱火で15～18分ほど焼く。焦げそうな時にはアルミホイルをかぶせる。

つけ合わせのそら豆も魚焼きグリルで焼くと、ほっこりと香ばしく仕上がります。

スペアリブのハニーマスタード

しっかり漬け込み時間を確保したら、あとはオーブンにおまかせ

材料（2人分）

スペアリブ…8本
塩…小さじ1
つけ合わせ野菜…お好みで

〈漬け込み液〉
マスタード…大さじ3
はちみつ…大さじ3
塩…小さじ2

作り方

1 スペアリブに塩をすりこみ、15分ほど置く。出てきた水分をペーパータオルで拭き取る。

2 ビニール袋に漬け込み液の材料を入れて混ぜ、そこにスペアリブを入れ、2時間ほど漬け込む。

3 オーブン天板の上にアルミホイルをくしゃくしゃにして敷き、肉を並べる。200度に予熱したオーブンで30～40分ほど焼く。

サーモンのハニージンジャー 玉ねぎとピーマン添え

抗酸化力たっぷりのサーモンをハニージンジャーでさらにおいしく

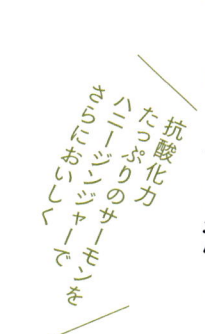

材料（2人分）

サーモン…2切れ（80g×2切れ）
塩、こしょう…少々
ピーマン…1個
玉ねぎ…大1cmの輪切り2枚
オリーブオイル…小さじ1＋小さじ1
塩、こしょう…少々

〈ハニージンジャーソース〉
醤油…大さじ2　はちみつ…大さじ2
しょうが…ひとかけ　鷹の爪…1本

作り方

1 サーモンに塩、こしょうをしておく。ピーマンは種を取って輪切りにする。鷹の爪の種をのぞいて、細い小口切りにする。しょうがをすりおろす。

2 ピーマンと玉ねぎにオリーブオイル小さじ1と塩をまぶしておく。

3 フライパンに玉ねぎを入れてフタをし、中火で5分ほど全体に透明感が出るまで焼く。

4 玉ねぎをひっくり返してフライパンの脇に寄せ、空いているところにオリーブオイル小さじ1を回し入れ、サーモンをフライパンの中央にのせてフタをせず、中火のまま2～3分、おいしそうな焼き色がつくまで焼く。サーモンから出てきた油はペーパータオルで拭く。サーモンを裏返し、ピーマンを加えて弱火で4分焼く。

5 玉ねぎ、ピーマン、サーモンを取り出して皿にのせる。フライパンにハニージンジャーソースの材料を入れて火にかけ、温まったら上からかける。

鶏手羽のメープルロースト

コラーゲンの宝庫、
手羽先を食卓に。
メープルシロップの
自然な甘さが美味

材料（2人分）

鶏手羽先…8本
つけ合わせの野菜…お好みで

〈漬け込み液〉
メープルシロップ…大さじ3
菜種油…小さじ2　塩…小さじ1
黒こしょう…小さじ$\frac{1}{2}$

作り方

1 鶏手羽先を海水くらいの塩水（分量外）で洗い、水分はクッキングペーパーで拭き取る。

2 ビニール袋に漬け込み液の材料を入れて混ぜ、そこに鶏手羽先を入れてもみ、1時間ほど常温に置く。

3 魚焼きグリルの中火で12分ほど、途中でひっくり返しながら焼き色がつくまで焼く。

鯛の春菊カルパッチョ

美肌効果の高い
ベータカロテンが豊富な春菊。
刺し身と一緒にたっぷり摂りたい

材料（2人分）

鯛（刺身用）…ひとさく　春菊の葉…ひとつかみ

〈調味料〉

醤油…大さじ2　オリーブオイル…大さじ1

リンゴ酢…大さじ$\frac{1}{2}$　豆板醤…小さじ$\frac{1}{2}$

塩…少々

作り方

1 春菊の葉を水で洗ってザルに上げ、水気を切ってから冷蔵庫に入れ、シャキッとさせる。

2 鯛の身を薄いそぎ切りにする。皿に鯛を並べ、真ん中に春菊をこんもりと盛り、冷蔵庫で冷やしておく。

3 調味料を容器に入れて混ぜ、食べる直前に回しかけ、塩をぱらりとふりかける。

米粉と雑穀粉のアメリカンドッグ 手作りケチャップ

ミネラル豊富な
雑穀粉と米粉で
ふっくら、さくっと
おいしい

材料（5本分）

A
- ダイヤ（製菓用米粉）…100g
- ホワイトソルガム粉…35g
- ベーキングパウダー…3g

水…100g
菜種油…10g
メープルシロップ…20g
ソーセージ…5本（長さ7cm程度のもの）
丸箸（1本を半分に切ったもの）…5本
菜種油（揚げ油）…適量

作り方

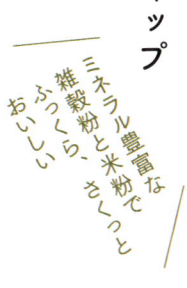

1 茹でてから冷ましたソーセージを丸箸にさす。

ソーセージの両端を少し切り落とすと、さしやすくなります。

2 Aをボウルに入れて混ぜ合わせる。メープルシロップ、菜種油、水を加え、手でこねる。

3 生地を5等分して平たい円形にし、箸にさしたソーセージを包む。

4 菜種油を170度に熱する。箸を持ち、生地の表面にまんべんなく油が触れるようにし、表面が固まってから箸を手からはなす。菜箸で油の中を転がしながらおいしそうな色がつくまで揚げる。

すぐ油の中に入れると生地の重さで形が崩れます。やけどに気をつけながら、最初は箸を持っているようにしましょう。

手作りケチャップの作り方

材料（作りやすい分量）

ミニトマト…2パック
玉ねぎ…中1/4個
甜菜糖…小さじ2
リンゴ酢…小さじ1
しょうが…小さじ1
ローレル…2枚　塩…小さじ1/2

(1)ミニトマトのヘタを取り、お尻に包丁の先で切れ目を入れ、熱湯にくぐらせて水にとり、皮をむく。玉ねぎはみじん切り、しょうがはすりおろす。

(2)鍋に材料をすべて入れ、弱めの中火で15分ほど煮る。ローレルを取り出して、トマトをヘラでつぶし、焦がさないように、時々かきまぜながら煮詰める。

チーズいらずのクリームコーンドリア

材料を
混ぜるだけの
簡単クリームソース。
ローカロリーなのに
食べごたえ満点

材料（1人分）

〈ケチャップライス〉

ごはん…茶わん1杯　鶏肉…50g
玉ねぎ…小1/4個　にんじん…中1/5本
ミニトマト…2・5個　アスパラ…5本
オリーブオイル…小さじ1　塩…小さじ1/2
手作りケチャップ…大さじ3　＊81ページを参照
リンゴ酢…小さじ1/2　塩、こしょう…適宜

〈とうもろこしクリームソース〉

砂糖不使用クリームコーン（うらごしタイプ）…95g
オリーブオイル…大さじ1/2　菜種油…大さじ1/2
メープルシロップ…小さじ1弱　米粉…小さじ1
リンゴ酢…小さじ1と1/2　塩、こしょう…適宜

作り方

1 ケチャップライスを作る

(1)鶏肉は1センチ角、玉ねぎとにんじんはみじん切りにする。アスパラの下半分を小口切りにする。上半分は飾り用に取り分けておく。

(2)フライパンに油を敷き、鶏肉を入れて中火にかけ、鶏肉が白っぽくなってきたところで、玉ねぎ、にんじん、小口切りにしたアスパラと塩を入れて混ぜ合わせてから弱火にし、フタをしてやわらかくなるまで蒸し焼きにする。焦げそうな時には分量外の水を足す。

(3)(2)にごはんを加えて炒め合わせ、ケチャップとリンゴ酢を加え、最後に塩、こしょうで味を調える。

2 とうもろこしクリームソースを作る

ソースの材料をすべてボウルに入れて混ぜ、塩、こしょうで味を調える。

3 ドリアを作る

(1)耐熱容器にケチャップライスを入れて、その上にとうもろこしクリームソースをかける。

(2)半分に切ったミニトマトと、飾り用のアスパラをクリームソースの上に飾り、魚焼きグリルで、強火で5分ほど焼く。

野菜の三色スープ

野菜の栄養を
凝縮した
三色ディップが、
食べごたえのある
スープに変身

38～39ページの
三色ディップを使って
三色スープを
作りました。

❶赤いスープ

材料

赤いディップ…80g　＊38ページを参照
ミニトマト…1パック
きゅうり…中½本
玉ねぎ…小¼個
オリーブオイル…大さじ1
リンゴ酢…小さじ1　塩…小さじ½

作り方

1 きゅうりのへたをとり、皮をむく。ミニトマトのへたをとる。

2 材料をすべてブレンダーにかけ、冷蔵庫で冷やしていただく。

❷白いスープ

材料

白いディップ…60g　＊39ページを参照
えのきだけ…80g　玉ねぎ…30g
水…150g　塩…小さじ⅓
ココナッツミルク…150g
オリーブオイル、醤油…適宜
塩、こしょう…適宜

作り方

1 えのきだけの根元を切り落とし、3等分に切る。玉ねぎは薄切りにする。

2 鍋に**1**と白いディップを入れ、水と塩を加えてやわらかくなるまで10分ほど中火でフタをして煮る。

3 ココナッツミルクを加え、ブレンダーでなめらかなポタージュ状になるまで撹拌《かくはん》し、仕上げにオリーブオイルと醤油を加え、塩、こしょうで味を調える。

❸緑のスープ

材料

緑のディップ…100g　＊39ページを参照
冷凍グリーンピース…50g
じゃがいも…中1個
豚ばら肉（厚切り）…40g
水…300cc　塩…小さじ1
塩、こしょう…適宜

作り方

1 豚肉を2センチ幅に切り、塩をまぶしておく。じゃがいもの皮をむいてひと口大に切り、鍋に水とともに入れ、やわらかくなるまで煮る。

2 じゃがいもがやわらかくなったら、冷凍グリーンピースと**1**の豚肉を入れて、火が通るまで煮る。

3 **2**に緑のディップを加えてひと煮立ちさせて塩、こしょうで味を調える。

れんこんチヂミ

れんこんのすりおろしで
モチモチに。タピオカ粉で
ふわふわカリッと絶妙の食感

材料（2人分）

れんこん…1節　しらす…50g
わけぎ…2～3本　タピオカ粉…大さじ3

作り方

1 れんこんは皮をむいてすりおろす。わけぎを小口切りにする。

2 軽く水気をしぼったれんこんとわけぎ、しらす、タピオカ粉をボウルに入れ、よく混ぜる。

3 フライパンに分量外の多めの油を入れて熱し、**2**の生地をハンバーグのように丸めてのせ、フライパンの上でフライ返しで平たくする。焦げ目がつくまで強火で5分、裏返して4分ほど、カリッと焼く。お好みで鷹の爪を入れた酢醤油をつけていただく。

甘酒ポテトサラダ

マヨネーズいらず。
甘酒とリンゴ酢で
ポテサラをヘルシーに

材料（2人分）

じゃがいも…小2個　にんじん…小1/4本
きゅうり…1/3本　玉ねぎ…中1/5個
ホールコーン…大さじ2　塩、こしょう…適宜
A 甘酒…大さじ1　オリーブオイル…大さじ1
　リンゴ酢…大さじ2/3　塩…小さじ1/4

作り方

1 じゃがいもの皮をむいてひと口大に切る。にんじんをいちょう切りにし、分量外のオリーブオイルと塩をまぶして耐熱容器に入れ、じゃがいもと一緒に蒸す。きゅうりは小口切りにして分量外の塩をまぶし、しんなりしたら水気をしぼる。ホールコーンの汁を切る。玉ねぎは薄切りにして水にさらす。辛味が抜けたら水気をしぼる。

2 **1**のじゃがいもをボウルに入れてつぶす。そこににんじん、きゅうり、玉ねぎ、ホールコーンも加える。**A**をすべて混ぜ、ボウルに加えてあえる。塩、こしょうで味を調える。

にんじんのメープルサラダ

メープルシロップの
香りと甘さで、
にんじん臭なし。
にんじんギライも克服

材料（1人分）

にんじん…1/2本

A
- メープルシロップ…小さじ2
- オリーブオイル…小さじ2
- リンゴ酢…小さじ2

塩…少々

作り方

1 にんじんを千切りにし、軽く塩をまぶす。

2 **A**を混ぜ、にんじんとあえて器に盛りつける。食べる時、塩を数粒のせ、塩を感じるようにすると味に奥行きが出る。

ミニトマトとオレンジのメープルサラダ

ほどよい酸味と
メープルシロップの
甘さが絶妙な
デザートサラダ

材料（2人分）

ミニトマト…1パック
オレンジ…$\frac{1}{2}$個
〈ドレッシング〉
メープルシロップ…小さじ1
オリーブオイル…小さじ1　塩…少々

作り方

1 ミニトマトのヘタをとってお尻に包丁の先でちょんと切れ目を入れ、熱湯にくぐらせて水にとり、皮をむく。

2 オレンジの皮をむいて小房にわけ、ひと口大に切る。

3 ドレッシングの材料を混ぜ合わせ、ミニトマトとオレンジをあえる。

トマトの甘酒ホワイトドレッシング

トマトと甘酒、
ダブルの抗酸化作用で
アンチエイジングケアに

材料（1人分）

トマト…大1個
玉ねぎマリネ…大さじ1（水分を切った状態で）
＊23ページのレシピを参照
チャービル（飾り用）…適宜

〈ドレッシング〉
甘酒…大さじ3　メープルシロップ…大さじ1
リンゴ酢…小さじ1　菜種油…小さじ$\frac{1}{2}$
塩…小さじ$\frac{1}{3}$　こしょう…少々

作り方

1 トマトのヘタのついた上部を水平に切り、フタにする。下部の種の部分をくりぬく。

2 くりぬいた部分にみじん切りした玉ねぎマリネを入れる。ドレッシングの材料を混ぜ合わせる。

3 トマトを皿にのせ、食べる直前にドレッシングをかけ、チャービルを飾る。

焼きカブの甘酒グリーンドレッシング

ビタミンCたっぷりのカブを、丸ごと焼くことで甘みが増す

材料（1人分）

カブ（葉つき）…2個
オリーブオイル…小さじ1　塩…ふたつまみ

〈ドレッシング〉
カブの葉（みじん切り）…大さじ1
甘酒…大さじ1　リンゴ酢…小さじ2
オリーブオイル…小さじ2
塩…小さじ1/4　こしょう…少々

作り方

1 皮をつけたままカブを8等分のくし形に切る。カブの葉のやわらかい葉先を分量外の塩を入れた熱湯で色よく茹でてみじん切りにする。

2 カブにオリーブオイルと塩をまぶし、中火で5分ほど焼く。色がついたらひっくり返して4分ほど、歯ざわりが残る程度に焼き上げる。

3 ドレッシングの材料を混ぜ、食べる直前にかける。

でんぷんのこと

グルテンフリーのパンやケーキと聞くと、固くて重い食感をイメージする方も、中にはいらっしゃるかもしれません。米粉ならではのおいしさと食感には、「でんぷん」が非常に大きな役割を果たしています。

わかりやすい例として、ごはんを思い浮かべてみてください。炊きたてのごはんはもちもちして粘りがありますが、冷めたごはんは固くてポロポロしています。これは、米を加熱するとそこに含まれる米でんぷんが水分と結びついてやわらかくなり、冷めると、また米でんぷんが固くなるためです。

ひと口にでんぷんと言っても、さまざまなものがあり特性も異なります。本書のレシピで使っているでんぷんは、「タピオカ粉」「コーンスターチ」「さごやし粉」「本くず粉」です。米粉やホワイトソルガムなどの雑穀粉を使ったレシピを作る時は、でんぷんの種類を変えたり、量を増減したりして試作を繰り返すのですが、タピオカ粉やコーンスターチはグルテンフリーのパンやケーキ作りに向いていると感じています。

タピオカ粉は、水分を与えて加熱した時に米でんぷんよりも膨張率が高く、冷めた時にもしっとり、もちもちとした食感が出ます。一方、コーンスターチは、よく膨らむのですが、水分を離しやすく、生地をもろくする傾向があるため、ケーキが焼き上がった時にべっちゃりするのを軽減するのに役立ちます。

大まかなイメージとしては、もっちりした食感になる米粉には「コーンスターチ」を、ポロポロとした食感の雑穀粉には「タピオカ粉」をミックスすると、お互いにない点を補い合って、新しいおいしさを生み出してくれます。

ちなみに、一般的によく使われる片栗粉はコーンスターチやタピオカ粉よりも膨らむ力が弱いため、この本のパンやケーキのレシピでは使っていません。ただし、グルテンフリーのうどんやパスタを作る場合であれば、タピオカ粉を片栗粉に置き換えることはできます。

パンを作るのか、ケーキを作るのか、どんな食感にしたいのか——目的によって使うでんぷんや混ぜる割合は変化するもの。まずはレシピ通りに作って、慣れてきたらでんぷんの種類や量を好みに応じて変えてみるのもいいと思います。でんぷんのさじ加減でがらりと変わるので、イメージ通りの味になった時は感激します。ぜひ、お好みのおいしさを追求してみてくださいね。

デザート

焼き菓子はもちろん、
プリンやアイスクリームまで、
すべて小麦、卵、バター、
牛乳、豆乳いらずの
レシピをご紹介します。

グルテンフリーのケーキ

小麦、卵、バター、牛乳、豆乳いらずで、
粉をふるう手間もなし！
家族みんなが虜になる、いいことずくめの安心おやつ。

おいしくてヘルシー!

基本

米粉のベイクドケーキ
プレーン&チョコ風（キャロブ）

マメ科の植物・
キャロブを使えば、
まるで
チョコレートケーキのよう

粉類をビニール袋に入れる
〔作り方 1〕

液体は紙コップに入れて計量
〔作り方 1〕

液体をビニール袋に入れる
〔作り方 2〕

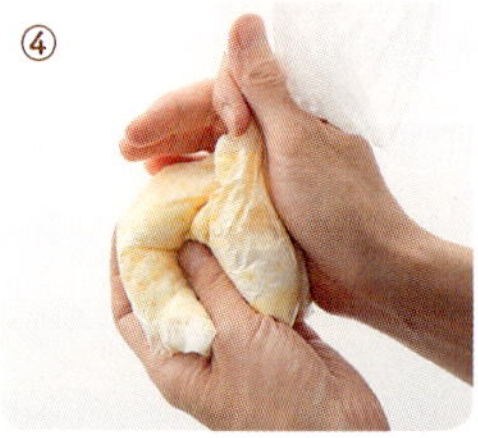

ビニール袋の上から揉み込む
〔作り方 2〕

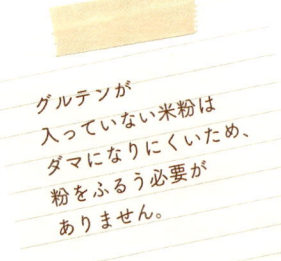

グルテンが
入っていない米粉は
ダマになりにくいため、
粉をふるう必要が
ありません。

材料（直径10・5㎝のクグロフ型1個分）

❶プレーン

A
- ダイヤ（製菓用米粉）…70g
- 甜菜糖…25g
- かぼちゃパウダー…5g
- ベーキングパウダー…3g
- 塩…ひとつまみ

B
- 水…85g
- 菜種油…20g

❷チョコ風（キャロブ）

A
- ダイヤ（製菓用米粉）…45g
- 甜菜糖…30g
- キャロブパウダー…20g
- コーンスターチ…10g
- ベーキングパウダー…4g

B
- 水…80g
- 菜種油…25g

作り方

1 ビニール袋に**A**を入れ、袋の口をつかんで振り混ぜる。**B**を紙コップに入れて計量する。オーブンを170度に予熱し、型に分量外の油を塗る。

2 **1**のビニール袋に**B**を入れ、ビニール袋の上から手でなめらかになるまでもむ。

3 型に**2**の生地を流し入れ、生地を平らにならす。オーブンに入れて20分ほど焼く。

4 型からはずしてケーキラックなどの上で冷ます。

プレーンもチョコ風（キャロブ）も共通の作り方です。

料理の便利アイテム ～ビニール袋と紙コップ～

私の料理では、紙コップやビニール袋をよく使います（右ページ下写真を参照）。ズバリ、その理由は片付けが苦手だから。「どんどん調理器具を出して使う↓台所が散らかってくる↓狭くなってやりにくい」という悪循環に陥りがちなのをなんとかしたくて使い始めました。

材料を計量するのは紙コップ。粉類やひき肉を混ぜるのはビニール袋。ビニール袋に材料を全部入れれば、後は外側から手でもむだけなので、ボウルも泡立て器もいりません。使い終わったらゴミ箱にポイ！　子どもがいると一日があっという間です。家事を少しでも効率化して、心のゆとりを持てるようにしたいですね。

米粉のバナナパウンドケーキ

甘いバナナと
レーズンの酸味が絶妙。
材料を混ぜたら、
あとはオーブンまかせ

材料（長辺17・5㎝のシリコンパウンド型1本分）

A
- ダイヤ（製菓用米粉）…100g
- コーンスターチ…50g
- 甜菜糖…30g
- 塩…ひとつまみ
- ベーキングパウダー…7g

- 完熟バナナ…2本（皮をむいた状態で、全部で220g）
- レーズン…40g
- 菜種油…50g

作り方

1 オーブンを180度に予熱する。**A**をビニール袋に入れ、袋の口をつかんで振り混ぜる。バナナの皮をむき、190グラムを生地用に、残りを3枚にスライスしてデコレーション用に取り分けておく。

皮に黒い斑点（シュガースポット）が出た完熟バナナを使いましょう。青いバナナでは生地がなめらかになりにくく、香りや甘さも足りなくなります。

2 **1**の袋に菜種油と生地用のバナナを加えてつぶしながら、なめらかな状態になるまで混ぜる。そこにレーズンを加えて軽く混ぜる。

バナナから水分が出てきます。水は加えないようにしましょう。

3 分量外の油を塗った型に**2**を流し入れ、上にスライスしたバナナを飾る。180度のオーブンで20分焼き、アルミホイルをふんわりかぶせて150度に下げて25分ほど焼く。

4 型からはずしてケーキラックなどの上で冷ます。

米粉とひえ粉のドライフルーツケーキ

栄養価の高い
ひえ粉と米粉で、
ドライフルーツを
楽しむシンプルケーキ

材料（直径16cmのリング型1個分）

A
- ダイヤ（製菓用米粉）…120g
- ひえ粉…60g
- 甜菜糖…25g
- ベーキングパウダー…6g
- 塩…ひとつまみ

B
- 水…150g
- はちみつ…30g
- 菜種油…40g

お好みのドライフルーツ…全部で65g

＊写真では干しいちぢく、デーツ、あんずを使用。

作り方

1 オーブンを170度に予熱しておく。ビニール袋に**A**を入れ、袋の口をつかんで振り混ぜる。**B**を紙コップに入れて計量する。ドライフルーツを粗く刻む。

2 **1**の袋に**B**を入れ、なめらかになるまで袋の上からこね混ぜる。ドライフルーツを加え、軽く混ぜる。

3 型に分量外の油を塗り、生地を流し込み、型の底をトントンと手のひらで叩いて空気を抜き、表面をならす。

4 170度で30分ほど焼く。焼き上がったら、型から取り出してケーキラックの上で冷ます。

あわ粉とタピオカ粉の甘酒ガトーショコラ

鉄分たっぷりのあわ粉を使ってしっかり濃厚。しっとりおいしい

材料（17㎝×17㎝×高さ5㎝の耐熱容器1個分）

A
- あわ粉…70g
- タピオカ粉…80g
- 甜菜糖…80g
- ココア…50g
- 重曹…小さじ½
- 塩…ひとつまみ

B
- ココナッツミルク…150g
- 甘酒…50g
- りんご酢…30g
- 菜種油…70g

〈飾り〉
- ココナッツパウダー…お好み
- ミントの葉…お好み

作り方

1 オーブンを170度に予熱する。Aをビニール袋に入れ、袋の口をつかんで振り混ぜる。Bを紙コップに入れて計量しておく。

2 1のビニール袋の中にBを注ぎ入れる。袋の口をつかんで袋の上からもみ、なめらかな生地になるまでこね混ぜる。

ココナッツミルクは低温になると脂肪分が固まってしまいます。よく混ぜてから加えてください。

3 クッキングシートを敷いた型に生地を流し込み、型の下から手のひらでポンポンとたたき、生地の表面をならす。

4 170度に余熱しておいたオーブンに3を入れて35分ほど焼く。竹串をさしてみて生地がついてくるようなら、ふんわりとアルミホイルをかぶせ、温度を150度に下げ、さらに15分ほど焼く。

5 焼き上がったら、ボウルをケーキに触れないようにかぶせ、乾燥しないようにしつつ、粗熱をとる。粗熱がとれたら、食べる直前にスプーンなどでココナッツパウダーを振りかけてデコレーションする。

とうもろこし粉のパンケーキ

ほんのり甘く、
ふんわりほろりとした
生地がたまらない！
ブランチにもおやつにも◎

材料（4枚分）

A
とうもろこし粉…60g
タピオカ粉…40g　甜菜糖…15g
ベーキングパウダー…4g
塩…ひとつまみ

水…95g　はちみつ…20g
菜種油…20g

〈飾り〉
冷凍ラズベリー、ブルーベリー、
ストロベリー…お好みで

〈シロップ〉
メープルシロップ…お好みで

作り方

1 **A**をボウルに入れてよく混ぜ合わせる。

2 **1**のボウルに水とはちみつと菜種油を加え、なめらかで、とろりとした状態になるまで混ぜ合わせる。

はちみつが固まっている場合は湯煎にかけて溶かしてから使ってください。

3 冷たいフライパンに分量外の油を敷き、火をつけて熱くなったら消し、大きめのスプーンで生地を丸く流し入れる。その上に生地を重ねるようなイメージでのせていく。

4 フタをせずに中火で4分ほど焼いて焼き色がついたら、裏返して3分ほど焼く。

火加減は焼き色を見ながら、随時、調整してください。

5 焼き終えたら、皿に盛り、ラズベリー、ブルーベリー、ストロベリーを飾る。お好みでメープルシロップをかけていただく。

生地を作り置きしておくと膨らみが悪くなるので、作ったらすぐに焼いて食べるようにしましょう。

きび粉のはちみつレモンマドレーヌ

魚焼きグリルで焼ける！
口当たりさっくり、
甘酸っぱいレモンの香り広がる

材料（70×23㎜のアルミ箔ケーキ型朝顔5個分）

A
きび粉…40g
製菓用米粉…40g
重曹…小さじ1/4

B
はちみつ…40g
水…35g
レモン汁（またはリンゴ酢）…20g
菜種油…30g

〈レモンのシロップ漬け〉
レモン…1/2個
甜菜グラニュー糖…15g

作り方

1 レモンをよく洗う。レモンを半分に切り、片方のレモンの果肉のきわまで外皮と白い部分をとりのぞいてから薄い輪切りにして密閉容器に入れ、甜菜グラニュー糖をかけてひと晩置き、レモンのシロップ漬けを作る。

2 Aをビニール袋に入れて、袋の口をつかんで振り混ぜる。

3 Bを紙コップに入れて計量する。2の袋にBを加え、袋の口をつかんだまま、もんで混ぜ、なめらかな生地にする。

4 型の半分まで生地を流し入れ、上にレモンの輪切りを飾る。

重曹はレモン汁に触れると、すぐに反応が始まるので、生地を作ってすぐに焼くと膨らみがいいです。

5 4を魚焼きグリルに並べ、うっすらと焼き色がつくまで弱火で4～6分焼き、ふんわりとアルミホイルをかぶせて、さらに弱火で4分ほど焼く。

魚焼きグリルで焼くときは様子を見ながら、場所の入れ替えをしましょう。焼き色がまんべんなくついて失敗しません。

レモンに甜菜グラニュー糖をかけておけばシロップ漬けができる。〔作り方1〕

米粉のジャムスコーン

ジャムが
はさんであるので、
そのままつまめる。
朝食にも、
おやつにもおすすめ

材料（6個分）

A ダイヤ（製菓用米粉）…150g
甜菜糖…20g　ベーキングパウダー…6g
ショートニング…50g　はちみつ…25g　水…40g
無糖ジャム…50g　＊写真ではマーマレードを使用。

作り方

1 **A**をビニール袋に入れ、袋の口をおさえて軽く振り混ぜる。袋にショートニングを加えて混ぜ、そぼろ状になったら、はちみつと水を加え、袋の上からこね混ぜて生地を作る。

2 オーブン天板の上にクッキングシートを敷き、**1**の生地を15×15センチの四角形にして縦半分に切る。片方の生地にジャムを塗る。

3 **2**を190度に予熱しておいたオーブンに入れ、15分ほど焼く。焼き上がったらジャムを塗った生地にもう片方を重ね、6つに切り離して冷ます。

熱いうちに包丁の刃先を立てながら切りましょう。崩れやすい生地ですが、割れてしまっても素朴な雰囲気になります。

甘栗の二色ケーキ

甘栗の二色ケーキ

米粉を使えば、
しっとりやわらかな
スポンジケーキに。
二種のクリームで
味も色も楽しむ

材料（ショートケーキ4個分）

〈スポンジケーキ〉

A
製菓用米粉…80g　コーンスターチ…30g
甜菜糖…30g　ベーキングパウダー…5g
蒸した安納芋《あんのういも》…40g（正味）

B
水…110g　菜種油…30g

〈安納芋クリーム〉

蒸した安納芋…150g（正味）　ココナッツミルク…80g
甜菜糖…40g　塩…ひとつまみ
粉寒天…小さじ1/4　水…大さじ1

〈安納芋チョコクリーム〉

蒸した安納芋…150g（正味）
ココアパウダー…20g　メープルシロップ…20g
ココナッツミルク…90g　甜菜糖…40g
塩…ひとつまみ　粉寒天…小さじ1/4　水…大さじ1

〈飾り〉　甘栗…6個　ココナッツファイン…お好み

作り方

1 スポンジケーキを焼く

(1)オーブンを170度に予熱する。16センチ×16センチの角型の耐熱容器にクッキングシートを敷く。**B**を紙コップに入れて計量する。

(2)**A**をビニール袋に入れ、袋の口をつかみ、振り混ぜる。そこに**B**と皮をむいて蒸した安納芋を加え、袋の口をおさえながら、さらに安納芋のかたまりをつぶすようにしながらよく混ぜ合わせる。

(3)型に生地を流し込み、型の底を手のひらでポンポンと叩いて表面をならす。170度で20分焼く。竹串をさして生地がつかないか確認しながら、ケーキラックなどの上に置いて粗熱をとる。

2 クリームを作る

(1)小鍋に粉寒天と水を入れてふやかす。そこにココナッツミルク、甜菜糖、塩を入れ、木べらでかき混ぜながら加熱する。クツクツしてきたら弱火にし、絶えずかきまぜながら3分ほど加熱を続けて寒天を完全に溶かす。いずれかお好みのクリームを作る。

◉安納芋クリーム

(1)に安納芋を加え、ブレンダーやすり鉢などでなめらかな状態にする。

◉安納芋チョコクリーム

(1)に安納芋、ココアパウダー、メープルシロップを加え、ブレンダーやすり鉢などでなめらかな状態にする。

3 ケーキをデコレーションする

(1)冷ましたスポンジケーキの端を切って形を整え、同じ大きさになるように縦半分に切る。飾り付け用の甘栗を4個残し、残りは粗く刻む。

(2)片方のスポンジケーキの上にクリームを塗ってから甘栗をちらし、もう片方のスポンジケーキではさむ。

(3)(2)の全体にクリームを塗り、ナイフなどで表面をならし、甘栗とココナッツファインで飾り付ける。1時間ほど常温に置いてなじませてから、カットする。

安納芋が手に入らない場合は、さつまいもに置き換えが可能です。

サクサクのクラストが楽しめる

グルテンフリーのタルト

米粉でも雑穀粉でも
ジューシーなフルーツと相性抜群！

基本

米粉のタルト ココアのラズベリーのせ

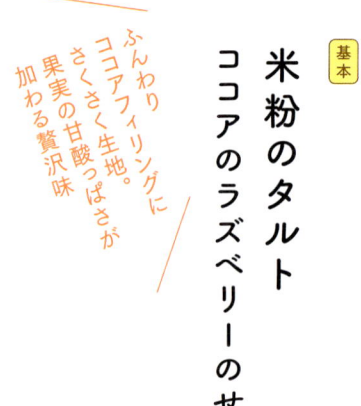

ふんわり
ココアフィリングに
さくさく生地。
果実の甘酸っぱさが
加わる贅沢味

材料

①

ビニール袋の中で粉類を混ぜる〔作り方 2-(1)〕

②

丸めた生地を型に置く〔作り方 2-(3)〕

③

型に生地を押し付けるようにして生地をのばして敷き詰める〔作り方 2-(3)〕

④

底の部分にフォークでチョンチョンと穴をあける〔作り方 2-(3)〕

⑤

Cをビニール袋に入れ、袋の口をつかんで振り混ぜる〔作り方 3-(1)〕

⑥

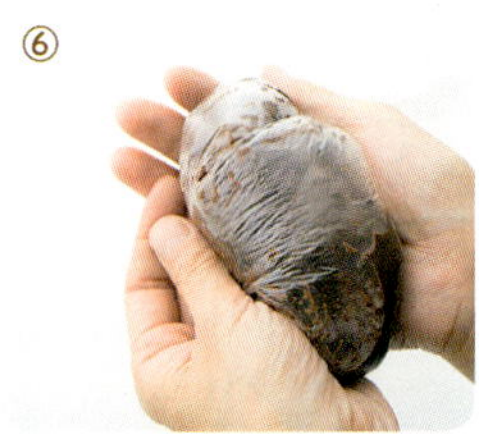

袋の上からよくもんで混ぜ、フィリング生地を作る〔作り方 3-(2)〕

⑦

フィリングを流し入れる〔作り方 4-(1)〕

⑧

フィリングの上にラズベリーを押しこむように並べる〔作り方 4-(2)〕

材料（直径16㎝のタルト型1個分）

〈タルト台〉

A
- ダイヤ（製菓用米粉）…50g
- タピオカ粉…20g

B
- ショートニング…15g
- メープルシロップ…15g
- 菜種油…15g

〈ココアフィリング〉

C
- ダイヤ（製菓用米粉）…45g
- 甜菜糖…40g
- ココアパウダー…20g
- ベーキングパウダー…2g
- 塩…ひとつまみ

D
- ココナッツミルク…75g
- 菜種油…20g

ラズベリー（生）…大粒のもの12個

作り方

1 下準備

ラズベリーを洗い、ペーパータオルの上にのせて水分を切る。

2 タルト台を作る

(1)オーブンを170度に予熱する。タルト型に分量外のショートニングを塗る。**A**をビニール袋に入れ、袋の口をつかんで振り混ぜる。

(2)**B**を紙コップに入れて計量し、(1)に加え、袋の口をつかんだまま、なめらかになるまで袋の上からこね混ぜる。時々、袋の両端を持ち上げ、たまってしまった材料を袋の真ん中に落とすようにしながら混ぜるとまんべんなく混ざる。

ポロポロして生地がまとまりにくい場合は、少量のショートニングを足してください。

(3)タルト型に(2)のタルト台の生地を丸めて置き、型に生地を押し付けるようにして生地をのばして敷き詰める。敷き詰めたら、底の部分にフォークでチョンチョンと穴をあける。

3 ココアフィリング（具材）を作る

(1)**C**をビニール袋に入れ、袋の口をつかんで振り混ぜる。

(2)**D**を紙コップに入れて計量する。

(1)の袋に**D**を加え、袋の上からよくもんで混ぜ、フィリング生地を作る。

4 タルトを焼く

(1)**2**のタルト台に**3**のフィリングを流し入れる。指先で表面をならしてから、ラズベリーを押し込むようにして並べ、170度に予熱したオーブンで30分ほど焼く。

(2)焼き上がったらオーブンから出し、型に入れたまま冷ます。粗熱がとれたら冷蔵庫で1時間ほど冷やして型から外す。

雑穀粉の三色タルト

冷凍保存がきく、便利スイーツ。素朴で自然な甘さにほっこり

材料（直径8㎝のタルト型3個分）

〈タルト台〉

A ホワイトソルガム粉…70g
塩…ひとつまみ

B ショートニング…20g
メープルシロップ…15g
菜種油…10g

〈ジャムフィリング〉

❶オレンジ
無糖マーマレード…45g
本くず粉…小さじ½

❷ブルーベリー
無糖ブルーベリージャム…45g
本くず粉…小さじ½

❸ストロベリー
無糖ストロベリージャム…45g
本くず粉…小さじ½

作り方

1 タルト台を作る

(1)オーブンを170度に予熱する。Aをビニール袋に入れて、袋の口をつかんで振り混ぜる。

(2)(1)にBを加え、袋の口をつかみ、なめらかになるまで袋の上からこね混ぜる。生地がまとまりにくい場合は、少量のショートニングを足す。

時々、袋の両端をピンと張って持ち上げ、材料を袋の真ん中に集めるようにしながら混ぜるとまとまりやすいです。

(3)タルト型に分量外のショートニングを塗る。(2)のタルト台の生地を3等分する。そのうちの1つを丸めて型の上に置き、内側に押し付けるようにして生地を全体に敷き詰める。敷き詰めたら、底の部分にチョンチョンとフォークで穴をあける。残りも同様にする。

2 ジャムフィリングを作る

3種類のジャムをそれぞれ小さな器に入れ、本くず粉を加えて混ぜる。

本くず粉が固まっている時には、すり鉢などで粉にしましょう。

3 タルトを焼く

(1)1にジャムのフィリング生地を入れ、170度に予熱したオーブンで18分ほど焼く。

(2)焼き上がったらオーブンから出し、型に入れたまま冷ます。粗熱がとれたら冷蔵庫で1時間ほど冷やして型から外す。

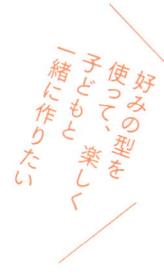

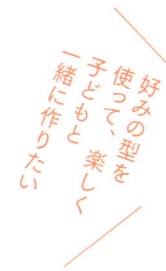

米粉のクッキー
紫芋&ココア寒天

好みの型を使って、楽しく子どもと一緒に作りたい

材料（約28個分）

❶紫芋

A
- ダイヤ（製菓用米粉）…50g
- 本くず粉…5g
  ＊固まっている場合はすり鉢などで粉にしておく。
- 紫芋パウダー…4g
- 塩…ひとつまみ

B
- メープルシロップ…20g
- ショートニング…20g

❷ココア寒天

A
- ダイヤ（製菓用米粉）…50g
- ココアパウダー…5g
- 粉寒天…4g
- 塩…ひとつまみ

B
- メープルシロップ…25g
- ショートニング…22g

本くず粉や粉寒天は米粉のクッキーにさくっとした食感を生み出してくれます。

紫芋もココア寒天も共通の作り方です。

作り方

1 紫芋かココア寒天のレシピを選び、ビニール袋にAを入れ、空気を入れて袋の口を持ち、中の粉類が混ざるように振る。袋の底に粉類が集まるようにし、そこにBを入れたら、中の空気を抜くようにして袋の口をおさえ、袋の上からこねて生地を作る。

やわらかすぎる時は冷蔵庫で冷やし、まとまらない時には少量のショートニングを足してください。

2 生地をラップの間にはさみ、上から麺棒で5ミリ厚にのばす。かぶせたラップをとり、生地をお好みの型で抜き、天板の上に並べる。

3 160度に予熱したオーブンで13～15分ほど焼く。焼き上がったらオーブンから出し、天板の上で冷ます。

米粉のクッキー 市松模様＆うずまき

さっくり食感が味わえる。大人にもうれしいおやつ

材料（約28個分）

〈紫色の生地〉
米粉のクッキー（紫芋）生地
…121ページ❶レシピの全量

〈茶色の生地〉
米粉のクッキー（ココア寒天）生地
…121ページ❷レシピの全量

作り方

1 市松模様とうずまきを作るので、茶色と紫色の2種類の生地を、それぞれ½ずつ分ける。

◉市松模様

(1)2種類の生地をそれぞれ長さ6センチほどの四角い棒状にし、縦¼に切り分ける。各色4本ずつの細い棒状の生地を作る。

(2)ラップを敷き、茶色と紫色の細い棒状の生地を1本ずつ並べる。その上に、下の段とは異なる色の生地を重ねる。4本の棒状の生地が並んだら、ラップの上から手のひらで軽く押さえて4本の生地をくっつけ、市松模様にする。長さ6センチの市松模様の生地が2本できるので、それぞれ包丁で7ミリ厚くらいにカットする。

◉うずまき

(1)2種類の生地をそれぞれラップにはさみ、10センチ四方の生地になるよう麺棒でのばす。

(2)ラップの上に(1)の茶色の生地を、その上に紫色の生地をのせ、手前からラップの両端を持ち上げるようにしながら巻いていく。巻き終わったら、ラップの上から12センチほどの棒状に整え、包丁で7ミリ厚くらいにカットする。

2 クッキーを焼く

天板にクッキーを並べ、160度に予熱しておいたオーブンで13〜15分ほど焼く。

市松模様やうずまきは、ひび割れやすいもの。でも、ひびは素朴で素敵な表情をつくってくれます。

さごやし粉のクッキー
かぼちゃ＆ほうれん草

野菜パウダーを
使って、
色よく栄養満点に

材料（約28個分）

〈生地〉
- さごやし粉…80g
- 菜種油…25g
- 甜菜糖シロップ…40g
- かぼちゃパウダー…3g
- 塩（かぼちゃクッキー用）…ひとつまみ
- ほうれん草パウダー…3g

〈甜菜糖シロップ〉
- 水…50g
- 甜菜糖…30g

作り方

1 さごやし粉をボウルに入れたら菜種油を加え、手でなじませる。

最初はキシキシして手にくっつきますが、大丈夫。少しずつなじませましょう。

2 小鍋に水と甜菜糖を入れ、弱火で煮溶かし甜菜糖シロップを作る。レシピ分量（40グラム）のシロップを熱いまま**1**に加え、フォークでぐるぐる混ぜ合わせ、冷めたら手で生地をこねる。この時点では、油が浮いたまとまりにくい生地の状態でＯＫ。

さごやし粉は熱湯を入れることで生地がまとまります。甜菜糖シロップは沸騰した状態で加えてください。

3 **2**の生地の半量にかぼちゃパウダーと塩ひとつまみを、残りの半量にほうれん草パウダーを入れ、それぞれよくこねる。黄色と緑色の生地ができたら、それぞれをラップに包んでおく。

4 ラップを敷いて、かぼちゃ生地をのせ、さらにラップを重ね、麺棒で7ミリ厚ほどに伸ばしてから上のラップをはずし、お好みの型で抜いて天板に並べる。ほうれん草生地も同様にする。2種類の生地を重ねて型抜きしても可愛い。

5 １６０度に予熱しておいたオーブンに入れ、18〜20分ほど焼く。触ってみて、やわらかいようだったら焼き時間を延ばす。

6 焼き上がったら天板の上でしっかりと冷ます。

卵を使わないたまごボーロ

簡単だから
すぐできる。
懐かしくて
やさしい味

材料（約55個分）

A　タピオカ粉…50g
　とうもろこし粉…15g
　カボチャパウダー…2g
ショートニング…20g　メープルシロップ…20g

作り方

1 Aをボウルに入れて混ぜる。

2 1にショートニングとメープルシロップを加えてこねるように混ぜる。

3 生地を直径1・5センチ程度の丸に成形して、天板にのせる。

指先で生地をつまんで押し固めてから、手のひらの上で転がして成形します。ボロボロしてやりにくい時には少量のショートニングを足してください。

4 170度に余熱したオーブンに天板ごと入れ、11分ほど焼く。焼き上がったら天板の上で冷ます。

超簡単バナナアイスクリーム

卵・牛乳ナシで低カロリー。冷凍バナナを撹拌するだけ

材料（2人分）

完熟バナナ…2本
はちみつ…30g
塩…ふたつまみ
甜菜糖、シナモンパウダー…お好み

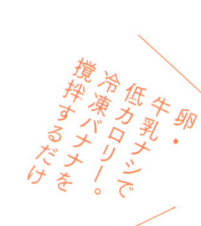

作り方

1 バナナの皮をむいて5ミリくらいの厚さに切り、ビニール袋に入れて冷凍しておく。

2 ブレンダーに材料をすべて入れ、少しバナナのかたまりが残るくらいまで撹拌する。やわらかくなりすぎたら、冷凍庫に入れて固さを調整する。

3 器に盛りつけたら、お好みで甜菜糖、シナモンパウダーなどをふりかけて食べる。

溶けやすいので、早めにいただきましょう。

かぼちゃのカスタードプリン風

くず粉と寒天で
なめらかな口当たりに。
かぼちゃの甘さがいきる

材料（プリン型4個分）

かぼちゃ…150g（種と皮を取り除いた状態で）
本くず粉…3g　水…大さじ1
粉寒天…小さじ½
ココナッツミルク…210g
甜菜糖…25g
塩…ひとつまみ
メープルシロップ…お好み（食べる時にかける）

クリーム状に仕上がります。固めの仕上がりがお好みの場合は、粉寒天の量を増やしてください。

作り方

1 かぼちゃをひと口大に切ってやわらかくなるまで蒸し、種と皮を取り除いておく。

2 小鍋に本くず粉を入れ、水をかけて指先でつぶしながら混ぜた後に、粉寒天を加えて軽く混ぜる。そこにココナッツミルクを注ぎ入れ、甜菜糖と塩を加える。

3 小鍋を火にかける。クツクツしてきたら弱火にし、焦げ付かないように木べらでかき混ぜながら加熱して寒天液を作る。

4 熱い状態の寒天液に**1**のかぼちゃを加えて温め、ブレンダーなどでなめらかにしてから容器に流し入れ、冷蔵庫で1時間ほど冷やし固める。お好みでメープルシロップをかけて食べる。

容器の下にメープルシロップを流し入れて固めると、味がぼやけてしまいます。食べる時にかけるのが理想的です。

ベジ・チョコ・ムース
ベジ・チョコ・トリュフ

さつまいもが
チョコに変身。
やわらかくコクのある
甘さに頬がゆるむ

材料

〈ベジ・チョコ・ムース〉（プリンカップ3個分）
- 蒸したさつまいも…75g（正味）
- ココア…20g
- ココナッツミルク…150g
- 甜菜糖…25g
- 粉寒天…小さじ1/6
- 水…大さじ1

〈ベジ・チョコ・トリュフ〉（約14個分）
- 蒸したさつまいも…150g（正味）
- ココア…20g
- ココナッツミルク…60g
- 甜菜糖…50g　塩…ふたつまみ
- ココア（まぶすため）…適宜

作り方

◉ベジ・チョコ・ムース

1 小鍋に粉寒天を入れて、上から水をかけてなじませる。

2 **1**に甜菜糖とココナッツミルクを加えてかき混ぜてから火をつける。

3 こげつかないように木べらなどで混ぜながら加熱し、クツクツとしてきたら火を弱火にして4分、混ぜながら加熱する。

4 **3**にさつまいもとココアを入れて、ブレンダー（または、すり鉢）でなめらかにし、容器に流し入れて、冷蔵庫で1時間ほど冷やし固める。

◉ベジ・チョコ・トリュフ

1 小鍋にココナッツミルクを沸騰させないように温め、甜菜糖と塩を加えて溶かす。

2 **1**にさつまいもとココアを入れて、ブレンダー（または、すり鉢）でなめらかにする。

3 スプーンで**2**をすくい、つみれを作る要領で丸め、ボウルに入れたココアの上に落とし、ころころと転がしてココアをまぶす。

甘酒アイス 甘酒チョコアイス

甘酒＆メープルシロップで、
ヘルシーだけど
しっかり甘い

材料（2人分）

〈甘酒アイス〉

甘酒…200g　ココナッツミルク…30g

メープルシロップ…20g　塩…ひとつまみ

〈甘酒チョコアイス〉

甘酒…250g　ココアパウダー…30g

メープルシロップ…30g　塩…ひとつまみ

作り方

1 「甘酒アイス」「甘酒チョコアイス」のいずれかの味を選び、材料をすべてブレンダーで、なめらかになるまで撹拌する。

2 容器に入れて冷凍庫でひと晩凍らせる。

冷やごはん甘酒の作り方

材料（作りやすい量）

低温乾燥麹（みやここうじ）…200g

冷やごはん…200g

水…200cc

ぬるま湯…200cc

(1)鍋に冷やごはんと水を入れ、時々かきまぜながら10分ほど弱火で煮る。おかゆを炊いて使ってもOK。

(2)炊飯器の内釜に(1)を入れ、ぬるま湯を加えて60度くらいにし、そこにほぐした麹を加えて混ぜる。

(3)炊飯器のふたを開けたままふきんをかけて10時間ほど保温する。麹がごはんとなじんでいないうちは30分に1回程度ぐるぐるとかき混ぜ、そのあとは1時間に1回程度かき混ぜる。やや飴色がかって甘い匂いがしていたらできあがり。

(4)(3)をブレンダーなどでなめらかな状態にして冷蔵庫に保存する。長期保存する場合には冷凍保存する。

本書で使用している
主な材料を紹介します！

粉類

コーンスターチ

とうもろこしから採れるでんぷんです。コーンスターチは粒子が細かく、水分を与えて加熱すると重い食感になりやすい米粉と混じり合い、ケーキをふんわりさせる効果があります。

製菓用米粉「ダイヤ」

広島県産うるち米を気流粉砕した微粉末の製菓用米粉です。米粉のお菓子作りでは米でんぷんの損傷が少ないほうがふわっとしたケーキになります。料理にも使うことができ、用途が広い米粉です。

パン用米粉「ミズホチカラ」

熊本県産うるち米ミズホチカラで作られたグルテンや添加物不使用、米でんぷんの損傷にも配慮したパン専用の米粉です。抜群の膨らみで、私の米粉食パン作りには欠かせません。

コーンフラワー

とうもろこしを粉末にしたもので、うっすらと卵色をしています。パンケーキやクッキーに使うとほろりとした食感と素朴な風味が出ます。コーンミールやコーンスターチとは特性や風味が違います。

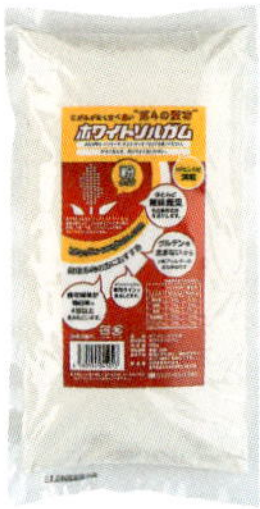

ホワイトソルガム（粉タイプ）

白高きびを粉にしたもので、エグみや苦味がないので使いやすい雑穀です。ほのかにナッツのようなコクを感じます。カルシウムやマグネシウムなどの栄養価も高いグルテンフリー食材です。

タピオカ粉

キャッサバ芋から採れるでんぷんです。膨らみやすい性質があるので、粉類に混ぜて使うとふっくら、もっちりした食感が出ます。水餃子や麺類、パスタなどを作る時にも大活躍します。

糖類

オーサワの有機メープルシロップ

有機栽培された砂糖カエデの樹液を煮詰めて作った、香り高く味わい深いシロップです。お菓子はもちろんですが、果物や野菜との相性もいいので、1本あると重宝します。

たんぽぽ蜂蜜 陽蜜

北海道で咲くたんぽぽの花から採取した味も香りも濃厚なはちみつで、そのまま食べてもおいしいです。このはちみつはブドウ糖が多いため固まりやすいのですが、ぬるま湯で湯煎して溶かすと使いやすいです。

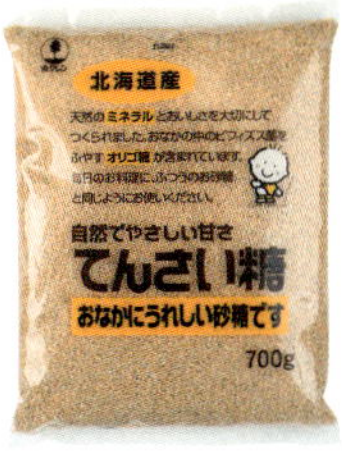

てんさい糖

北海道産のサトウダイコンから採れた、優しい甘さと香ばしい風味がある砂糖です。ミネラルやビフィズス菌の増殖を助けるオリゴ糖が含まれています。サトウキビの砂糖よりも甘さがマイルドです。

油脂

オーガニックトランスファットフリーショートニング

有機栽培したパームから溶剤を使わずに抽出され、水素無添加で作られるため、トランス脂肪酸はほぼゼロです。タルトやクッキーに使うとサクサク、ホロリとした食感に。

オーガニックエクストラバージンオリーブオイル

有機栽培オリーブの果実を手摘みし、丁寧に搾られた油です。爽やかな香りと強い風味がありますが、素材の味を邪魔せず、活かしてくれます。ぜひ生で使ってください。

なたね油一番搾り 油屋六兵衛

遺伝子組み換えをしていない菜種を、熱を加えずに作った一番搾りのなたね油。菜種本来の独特な風味があり、料理に使うとコクが出ます。化学溶剤も使っていないので安心です。

調味料

アップルビネガー

有機栽培のりんご果汁を昔ながらの静置発酵で、自然に出てきたアルコール分を酢に変えてつくったリンゴ酢です。ツンとした匂いがなく、フルーティーな味なので、お菓子にも料理にも相性◎。

そら豆醤油

そら豆と食塩だけで作ったとは思えない味わいのある醤油です。そら豆独特のまろやかさとコクがあり、香りも豊か。後味もすっきりしていて、普通の濃口醤油と変わらないおいしさです。

自然海塩 手塩

五島列島の満潮時の海水を汲み、鉄釜と薪で丁寧に焚き上げたミネラルを多く含む味わい深い塩です。シンプルな食材で作るお菓子や料理だからこそ、味の決め手となる塩は良質のものを選びたいですね。

膨張剤

ラムフォード
ベーキングパウダー

ラムフォード社製はアルミニウム不使用で、原材料に含まれているコーンスターチも遺伝子組み換えではありません。生地を作ってすぐに加熱したほうが膨らむ力が強いです。

白神こだま酵母ドライ

種起こしがいらない野生のパン酵母ですが、ドライイーストのように手軽に使えます。トレハロースを多く含むために自然な甘みとしっとり感が出て、砂糖や油脂が少なめの米粉パンとの相性がいいです。

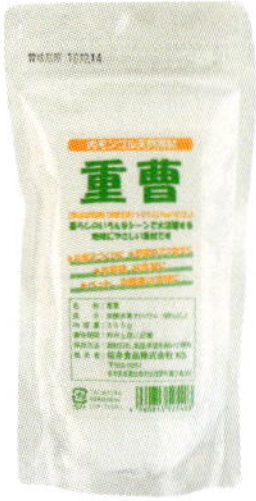

重曹

私が使っているのは天然の重曹です。酢、レモン汁など酸を加えて加熱することで膨らみます。混ぜると即座に反応が始まるので、すぐにオーブンへ。時間が経つと反応が終わってしまうのでご注意を。

風味づけ

キャロブパウダー

有機栽培されたキャロブ（イナゴ豆）のさやの内側の黒い果肉部分を乾燥させて粉末パウダーにしたもの。ココアのようにカフェインがなく、鉄分などを含むため、小さなお子さんにも安心して使えます。

植物性凝固剤

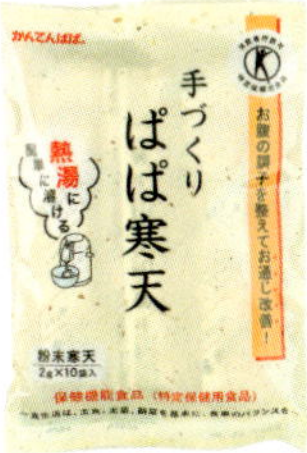

手づくりぱぱ寒天

寒天の原料は海藻。食物繊維が豊富なヘルシー食材です。棒寒天、フレーク寒天などもありますが、粉寒天は溶けやすく、裏ごし不要で便利。お菓子作りには粉寒天が使いやすくおすすめです。

無双本葛

本葛100パーセントの吉野葛で、カルシウムや鉄などのミネラルを含んでいます。プリンやゼリーを作る時に寒天とともに用いると、やわらかな食感に。粉末が便利ですが、固まりの場合はすり鉢で。

むらさき芋パウダー

クッキーに入れるときれいな紫色になり、紫芋の風味が楽しめます。かぼちゃパウダーやほうれん草パウダーと比べると、むらさき芋パウダーのほうが少し固めの焼き上がりに。食感の違いも楽しめます。

ほうれん草パウダー

ほうれん草100パーセントの野菜パウダーです。細かくひいてあるので、クッキーに入れるとさっくりとした食感が出て、ほうれん草のほんのりとした苦みが、まるで抹茶のような味わいになります。

かぼちゃパウダー

ケーキに入れるときれいな黄色が出てふんわりとふくらみ、クッキーに加えるとさっくりします。かぼちゃフレークは生地に入れるとダマになりやすいため、パウダーのほうがお菓子作りとの相性がいいです。

＊ここで紹介した食材は、「チームアレルギー」のオンラインショップで購入することができます。
パッケージや商品名は変更になる場合があります。　http://www.team-allergy.com/

伊藤ミホ（いとう・みほ）
東京都在住。外資系総合商社勤務を経て、ロンドン大学ゴールドスミス・カレッジ デザイン学部 修士課程に学ぶ。帰国後、環境と健康をテーマとした雑誌の編集部に所属。出産した長男に重度の食物アレルギー、アトピー、喘息があったため、小麦・卵・乳製品・大豆・ナッツを使わない料理を工夫しながら作るようになった。東日本大震災を機に、被災地に義援金を送るためにアレルギー対応料理のレシピを教える活動を始める。退職後、アレルギー対応料理教室「コメコメ・キッチン」を主宰。「からだにやさしく、おいしい食」を伝える活動をしている。
http://komekomekitchen.blog.fc2.com/

編集・構成　草野恵子
ブックデザイン　三瓶可南子（⑥Design）
撮影　中川真理子
表紙イラスト　くすはら順子
食材協力　チームアレルギー（NPO法人ヘルスケアプロジェクト）
食器協力　伊藤善健（46-47、48、52、61、66、73、87、125ページ）
撮影協力　GLOBAL WINGS 株式会社
花材提供　株式会社 花ふじ

家族みんなを元気にする

グルテンフリーレシピ

2016年3月24日　初版第1刷発行
2021年10月20日　初版第3刷発行

著　者　伊藤ミホ

発行者　松原淑子
発行所　清流出版株式会社
〒101-0051　東京都千代田区神田神保町3-7-1
電話　03-3288-5405
http://www.seiryupub.co.jp/
印刷・製本　大日本印刷株式会社
乱丁・落丁本はお取り替えいたします。
ISBN 978-4-86029-444-1